民国闺秀
画像中的家国

李斓　著

中国摄影出版社
China Photographic Publishing House

故事梗概

2014年初，一个名叫杨天波的普通生物学家老太太突然离世了，本书作者（她的女儿）在整理其遗物时，从杂乱、破旧的楼道壁柜里的雨鞋、洗脸盆、废报纸中发现了其生前所作的200多幅画，都是她退休后随便画的。震惊之余，作者去找画中人物的老照片，顺带找出很多家族资料。由此，杨天波老奶奶画作中的家人、老照片，其背后的真实故事和鲜活的人物原型，才得以从滚滚历史中走向当下的“页面”。

故事从20世纪20年代处于军阀割据时期的四川（彼时包括重庆，西接西康省）说起，那是作者的母亲杨天波和父亲李庆余出生、成长的地方。作者的外公家和祖父家经历并见证了这一地区人们的生活状貌，并在历史潮流的裹挟下，在从政、从商的过程中与四川军阀刘文辉、刘湘叔侄，国民政府高官王缵绪、何应钦，中共元老瞿秋白等各个影响中国历史走向的人物产生瓜葛与联系，并在与各色人物的交往中，在各自或政，或商，或文的生存背景下孕育和培养着下一代。直到新中国成立后，两家的孩子，也就是本书作者的母亲和父亲，因同时就读于四川大学农学院，并且因同样喜欢植物而喜结姻缘，进而孕育了本书作者和她的兄弟姐妹。

川军部队，军校同窗，军统前身复兴社，跺脚才走的军舰，深入虎穴以匪制匪，民国婚宴，滑竿出游，宝塔式拥护法，抗日名将、美丽的家庭女教师，民国高官办教育，民国酒店、茶馆、菜市场，西康国民党员戒律，理想化戒烟，民国求雨，《西方日报》，红岩叛徒，等等，民国军阀的明争暗斗、川康地区中产家庭的生活细节，在本书作者的发掘下一一披露。

渊源聚合，作者婆婆的祖父李廷玉为清末民初时期小有名气者。李廷玉（李老祖），字实忱，号退公，1869年10月3日（清同治八年八月二十八日）生于直隶省天津城西大觉村。1875年入私塾，此后历经科举考试和新式炮兵学习，先后任清政府农工商部艺徒学堂斋务长、陆军部陆军中学教务长、东三省开垦蒙荒总办、陆军部二等检察官、江宁督练公所兵备处总办、民国豫南总司令部总参议、九江镇守副使、赣南镇守使、江苏督军公署高等顾问、江西省代省长、天津国学研究社社长、合丰公司董事长、冀察政务委员会委员等职。1937年“七七事变”后，闭门著书，自1940年起写作《农书》三册，同时和重庆国民政府保持联系，参与了在天津密设的党政军联合办事处地下组织活动，以“张永安”为化名，接受了华北宣抚主任一职，从事分化日伪方面并准备抗日战争胜利后接收天津的工作。

长作者外公、祖父一辈的李廷玉，不仅参与了民国时期因军阀割据混战导致的政商冲突，更因直接参与、解决了“张勋复辟”事件和在北伐期间维护天津当地治安，而受到中华民国的缔造者孙中山、南京国民政府的创立者蒋介石的关注，并且因其在政界颇有声望，日本侵略者、“汪伪”政府和重庆国民政府在抗战时期也曾想拉拢他。

正所谓因缘际会，李廷玉老祖和外公杨露、爷爷李孟凡同处当年的历史时空，与军阀割据、国民政府和抗日运动乃至解放战争的胜利多有关系，进而绘成了三个小宅门里的大历史，而全部的故事发掘都源于作者对母亲老年画作的梳理。

三位主人公简介

杨露（作者的外公）

原名杨廷祯，字叔咸，四川璧山县人。

1912 年：7 岁入私塾。

1918 年至 1926 年：在成都读书，后于成都大学肄业（因交不起学费）。

1927 年至 1931 年：先后任国民党 28 军政治指导员及宣传科长，在成都兼办《新新新闻》报纸，后去日本东京成城学校高等军政科读书。

1931 年至 1934 年：先后在南京金陵大学农业专修科读书，在四川高级职业学校教书。

1934 年 8 月至 1935 年 3 月：任国民党 28 军中校秘书。

1935 年 4 月至 1936 年：先后在新津、新繁任县政府科长及区长。

1937 年至 1938 年 3 月：任眉山第四区视察员。

1938 年 4 月 7 日：任四川省政府秘书处助理秘书。

1938 年至 1940 年 6 月：先后任雅安、汉源保训所秘书。

1940 年 7 月至 1942 年 6 月：先后在康定、雅安、西康军管区和省训团任国民党特别党支部书记和区党部书记。

1942 年 7 月至 1944 年：任西昌县县长。

1945 年 10 月：任西昌屯垦委员会委员。

1945 年 11 月至 1946 年 11 月：任西康省训练团委员。

1946 年 12 月至 1949 年 8 月：在成都任西方日报社社长兼总主笔。

1949 年 9 月至 12 月：任国民党西康省政府顾问、西康省保安司令部少将参议，随刘文辉起义。

1950 年至 1953 年 6 月：先后任西康临时军政会议主任秘书，参加中国人民解放军 62 军教导队学习，在大邑任原国民党 24 军眷属工作大队长，在成都参加就业学习。

1953 年 7 月至 1954 年 6 月：在邛崃文化馆业余学校教书。

1954 年 7 月至 1958 年 7 月：赋闲在家。

1957 年 8 月至 1958 年 3 月：任邛崃城关民办中学教导主任，同时安排为县政协委员。

1958 年至 1978 年：在“反右扩大化”运动中被打成右派。

1978 年后：逐步落实政策，先后任成都市政协常委，邛崃县政协第六、七、八届副主席。

1996 年：在呼和浩特市去世。

李孟凡（作者的爷爷）

生于 1890 年 12 月 17 日，四川华阳县人。

1893 年：7 岁入私塾读旧学。

1903 年：17 岁时考入成都东游预备学校（赴日本留学预备学校），获得丰厚的奖学金，但仅读了一学期，就因父亲抽大烟耗完了奖学金，无力再读下去。遂被家人送到成都东大街“源茂生绸缎号”当学徒，一年半后因无心做学徒被解雇。

1906 年：找亲友借路费东下，考取位于四川大足县的四川陆军弁目队（川军头目刘湘、刘文辉、杨森等均出自这所陆军学校）。

1910 年：在陆军工程营任司书生。

1912 年：清政府倒台，在重庆蜀军都督府（辛亥革命元勋张培爵任蜀军都督）守卫营任排长，后因张培爵被袁世凯诱杀而失业在家。

1913 年：因军校同学罗象昭关系入伍任排长。

1915 年：所在部队改编回川。

1916 年：在川南珙县征收局做科员。不久，云南方面起义反对袁世凯称帝，四川护国军郑英部攻入珙县，经张锦波介绍开始在郑英部做参谋。

1921 年：在四川陆军第七师独立旅任参议。

1924 年：在四川善后都督署任参议。

1925 年：随原四川督军熊克武到广州，后因熊克武在广州的军部办事处被解散，再次赋闲在家。

1927 年：善后都督署改为国民党 21 军军部，改任上校科长。

1928 年：开始经营重庆著名的长亭茶馆。

1932 年：另开其春浴室。

1934 年：将其春浴室卖出，在重庆中一路盖了一座名为“观音岩”的楼自住。

1938 年：将长亭茶馆卖给张绍钦，另在两路口开设新昌宾馆，任重庆旅栈同业公会理事长，同时兼任重庆警备司令部司令李根固的参谋。

1939 年：在机房街开设新潮的西餐厅“一心花园”。

1942 年：新昌宾馆停业，将“观音岩”腾出改为大东宾馆，买地建捍卫路 141 号的房屋，还在重庆解放碑买了一座小楼租给牙医做诊所。

1943 年：任选区民代，入袍哥组织做某地域大爷。

1947 年：任重庆民社党参议员。

1949 年：解放军还未攻入重庆时负责住地一带的治安，防止动乱。

1950 年：经营重庆临江路上的临江别墅旅馆。同年 11 月，“土改运动”在四川展开，名下所有房地产权全部交出，只留捍卫路一处自住。

1951 年左右：被抄家。

1953 年 2 月：在焦虑中因心脏病突发去世。

李廷玉（李老祖，作者婆婆的祖父）
字实忱，号退公，直隶天津人。

1869 年 10 月 3 日（清同治八年八月二十八日）生于直隶省天津城西大觉村。

1875 年：入私塾。

1883 年：入广仁堂读书。

1885 年：入海关道官塾。

1889 年：中秀才。

1891 年：应顺天府乡试，落榜。

1897 年：入天津稽古书院，后入铁良幕任文案。

1902 年：保送进入保定北洋将弁学堂，习炮兵。

1904 年：以优等生毕业，分派任近畿督练处参议，同年随工部员外郎魏震赴长白山调查林业。

1905 年：任农工商部艺徒学堂斋务长（绍英兼监督）。

1906 年：任陆军部陆军中学教务长（总办为金绍曾），后调任东三省开垦蒙荒总办、临江县知县、开通山道总办、划界委员兼领营务处处长。

1908 年：调任陆军部二等检察官。

1910 年：随铁良赴江宁，任江宁督练公所兵备处总办兼练京江两防旗兵，旋兼任警察总办。

1912 年 8 月：任北京乌里雅苏台将军署参赞（将军为那彦图），12 月 23 日补授陆军少将。

1913 年：调任豫南总司令部总参议（总司令为李纯），同年 8 月 1 日任九江镇守副使（镇守使为刘槐森），同月日襄办江西军务，18 日晋加陆军中将衔，25 日晋授陆军中将，旋兼办巡抚事宜，12 月 4 日调任赣南镇守使。

1914 年 10 月：任陆军混成模范团参议（团长由袁世凯兼任）。

1917 年 8 月：任江苏督军公署高等顾问（督军为李纯），1 月 9 日颁给二等嘉禾章。

1922 年 9 月：代理江西省省长，不久辞职，到天津寓居。

1932 年：在天津创立国学研究社，任社长。

1935 年：与吴毓麟创立合丰公司，任董事长。

1935 年 12 月 11 日：任冀察政务委员会委员（委员长为宋哲元）。

1937 年："七七事变"后，闭门著书《农书》三册，同时和重庆国民政府保持联系，参与了在天津密设的党政军联合办事处地下活动组织，以"张永安"为化名，接受了华北宣抚主任一职，从事分化日伪方面并准备抗日战争胜利后接收天津的工作。

1946 年：任天津市地方自治协进会理事长。

1952 年：在天津病逝。

作者的话

“妈妈生前是位遗传学教授，她天性好奇，喜爱钻研。75岁以后觉得自己应该画画，问了我一些基本的技术问题后，她就开始画画了。她喜欢那些伟大的艺术家，她临摹他们的画，也想画他们本人，她真的就画了。妈妈时常苦恼于对结构、透视、空间的不了解，但每次她都能够用自己的办法把画画出来，并且边画边笑，有时是因为画得高兴，有时是因为没画好……”我的画家老哥在微信里是这样介绍妈妈的：她一画就是6年，有200多幅作品，直到81岁因老年失眠，白天需要补觉，精力不足了，加上家人对她的画没有给予太多的关注，所以在她去世前的一年搁笔了。

2014年1月24日，妈妈突然去世，这成了我人生观改变的分水岭，不仅因为她的离世对我触动很大，还因为她留下的200多幅奇妙的画作！由于这些可爱的画，我寻到了画中某些人物的老照片，并发布到网上，后又顺着这些老照片找到更多亲属的老照片，了解了其背后的真实历史故事。在这个过程中，我看到的是，在一张时空的大地毯上，我的父母和他们的父母所经历的悲欢离合、惊心动魄、刹那温馨，甚至有趣的过往。在那个时空内，他们彼此在偌大的土地上，貌似毫无交集地忙活着，不知彼此的存在，但其实一直有着千丝万缕的关系，而我们这些后代也一直在这条大毯子上，只是处在不同的位置……

注：2014年12月11日，名画记网站微信平台（今评画APP）推荐了业余画家杨天波教授的50幅画作；2015年6月27日至7月26日，北京中间美术馆举办了“圈外人”画展，杨天波的画是该展的主推展览作品。

李　斓

目录

第一章

01 小鲜肉外公嘲讽邓，邓锡侯怒发要擒贼

我的妈妈1931年生于成都。她出生前的几年，外公杨露在四川国民党28军（军长邓锡侯）成为首任的两个“政治指导员”之一。在当时北伐形势的影响下，四川军队都打出革命军的旗号，以示进步。同时，他们私下里又很惧怕被蒋介石的正规部队吞并，最要紧的是不想蒋介石派人来在部队里设“政治部”。所以，外公被老同盟会员、保定系（保定北洋将弁学堂毕业的一批人）28军旅长周世英邀请去担任政治指导员，做政训工作，明显有拒绝蒋派人来的意思。

当年周世英部有个团长，不赞成三民主义说教，说：“军人只晓得打仗，不需什么主义……”外公劝解道：“不懂主义就迷失了方向，打仗就会乱打一通，没有目的。”团长说不过外公，但看得出表情还是不屑的。后来有个营长也不服地说：“在军队里，只有在火线上才能见真功夫。”外公反驳道：“真功夫要有正确的思想指导，没有坚定的正确思想，死也是白死。”外公在回忆录里这样总结那时的军队：“当时的部队，层层吃缺空，以饱私囊。往往一个连只有七八十人，点名发饷时，各连私自互相派兵应名，或向友军团队借兵来应名……”

面对那时的现状，外公与大学同学们很灰心，感觉国家离开了孙中山先生的三民主义，有五权宪法之名而无五权之

对页图　临鲁本斯《克拉娜·赛瑞纳》，杨天波画。

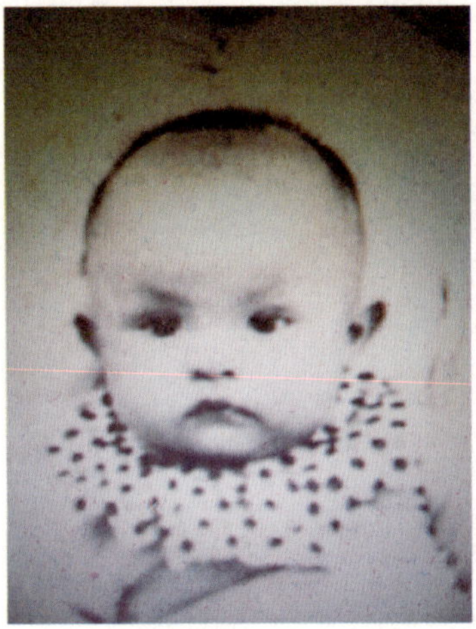

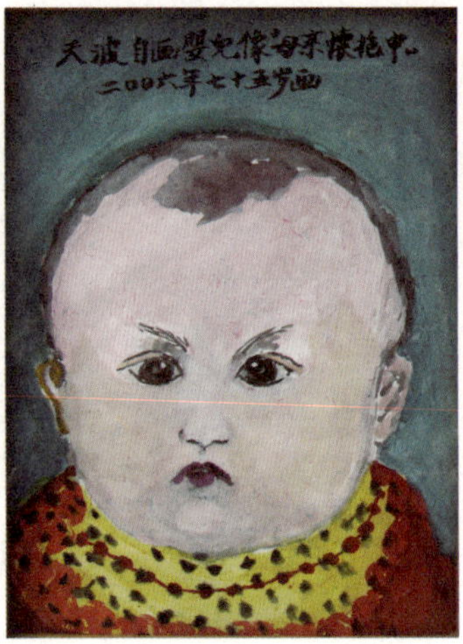

左图 妈妈杨天波婴儿时期的照片。
右图 妈妈根据自己婴儿时期的照片画的画。

实，且他们这些川系本地青年国民党被黄埔系党员严重排斥。在《关于〈民视日报〉的片段回忆》[1]一文里，外公曾讲述："1928年，'黄埔生'回川把持国民党，把我们地方派国民党踢开了，我们便约集一部分'土党员'，利用周世英、邓锡侯、马毓智、刘乃铸等军人的捐款，办起了《新新新闻》日报。"他在另一篇文章里说："当时28军第7师师长马毓智、第3混成旅旅长周世英同情被陈杰排斥离开党部的青年同志们的失业之苦，赞成我们筹办报纸、学校、书店，自谋前途。所需经费由马、周和向传义设法支持，并决定派我负报纸筹办责任。不到一年时间，我便任了《新新新闻》经理之职……这是我任《新新新闻》第一任经理的由来。"

有一次外公在报纸上写了一篇"童话"，影射四川的军阀混战危害人民财产、生命。[2]文中的"东方大侠门徒"代表军中保定系，"蓬莱仙子门徒"代表日本士官生，"白杨仙姑"代表速成系、弁目队、军官生等，还特别把刘文辉比喻为"老虎精"、刘湘为"地马精"、邓锡侯为"猴王"……指责这些"妖魔"混战了几十年，大小仗打了几百个，使人

1 载于《成都报刊史料专辑》。

2 据四川省文史研究院编《民国四川军阀实录》记载，四川从1912年到1933年，共发生大小军阀混战470多次，其中大多数混战发生在防区制形成之后。所谓防区制开始于1918年。当年以四川靖国军总司令名义摄行四川军民两政的熊克武，决定按各军驻防地区，划拨地方税款，由各军自行向各县征收局提用，作为粮饷之需，四川军阀防区制由此形成。因各军驻防日久，不仅在防区内提取粮饷，还干预政事、委任官吏、预征赋税，致使各防区成了军阀割据的"独立王国"。1926年下半年，混战中的四川军阀为求自保，纷纷派代表到武汉、长沙，向进行北伐的国民革命军输诚，表示承认国民政府，同意军队易帜改编。于是，蒋介石以国民革命军总司令的名义，先后任命四川军阀杨森、刘湘、赖心辉、刘成勋、刘文辉、邓锡侯、田颂尧为国民革命军的军长，仍统率原部。四川军阀虽已易帜改编为国民革命军，但其军阀本质没有改变，仍然争夺防区，混战不休。军阀连年混战，防区割据，关卡林立，捐税苛重，严重阻碍了四川社会、经济、文化教育的发展，许多工厂倒闭，商业萧条，农村残破，农产量锐减，文教机关和学校毁损严重。

左图 民国时期的外公。
右图 民国时期年轻、美丽、优雅的外婆徐文哲。

民老小死亡、倾家荡产……没想到有人将此文拿给了邓锡侯，邓看了很生气，说要抓我外公。外公得到报信，吓得躲进了马毓智师长的家住了好几天，同时请周世英和马毓智跟邓锡侯解释，说这是外界投稿，不是他自己写的，再说这只是一个童话故事，并没有故意诽谤，法律是不追究责任的……后来话说开了，邓锡侯没再追究。

转年周世英问外公："你愿意再进学校深造吗？"外公说："如果能有助学金及安家费（老婆、孩子的生活费），能深造那是再好不过的事了，但这些经费不容易筹措啊。"周表示经费有办法。过了几天，周世英再和外公谈，外公表示已经和太太徐文哲商量好了，离家求学没问题。周世英说："师长（马毓智）见你办事负责，有才干，品行也不错，决定资助你深造，职务保留，不开缺，安家费每月 20 元，由你夫人按时去领。师长是希望你去日本留学，进士官学校，学习军事，毕业后返回军队工作。一切留学费用由他负责支付。明白了吗？”外公答道：“明白了。感谢您和师长的栽培。”此后外公就进入了日本成城学校高等军政科学习，毕业后进入日本士官学校。就这样，外公开始了他在日本的留学生涯。但“九·一八”事变发生后，当时在日本的留学生群情激愤，他们一起向当时的国民党政府请愿，要求集体罢学回国。外公是其中之一，愤而归国了。

我妈妈对那时印象最深的事，就是每天早晨看到外婆起床时，会把一条薄薄的用金子打成的腰带围在腰上，估计那是外婆的全部积蓄……

被爹坑爷爷入军校，众军阀变成小伙伴 02

当年忙于在军队宣讲三民主义的外公在报纸上骂邓锡侯、刘文辉、刘湘等人的时候，外公不知道刘文辉是他未来要相处 10 年的顶头上司，刘文辉的堂侄刘湘（实际刘湘比刘文辉大 6 岁）是他未来亲家李孟凡在四川武备学堂陆军弁目队的老同学；而爷爷李孟凡当然也不知道成都这个意气风发、满腔热血的小老弟是他未来的亲家杨露。

早年爷爷考取了成都东游（日本）预备学校，得到了足够完成学业的丰厚奖学金，但只读了一个学期，便因他父亲把奖学金都拿去抽了鸦片而半途辍学。爷爷的父亲那时是四川华阳县县长秘书长，一家 7 口人都靠他一个人的工资过活。为了减轻家里的负担，爷爷辍学后就在成都东大街源茂生绸缎号当学徒，干了一年半，因店铺生意差裁员而被辞退了。后来爷爷借了盘缠去大足县，投考了四川陆军弁目队——四川最早的军官学校，这一选择让他的亲友非常瞧不起。

爷爷李孟凡年轻时的照片。

在那里，爷爷遇到了后来在四川呼风唤雨的刘湘、潘文华、邓锡侯、杨森等同学。由于看不惯学校队官陈凤昌“仗势欺人”“语言刻薄”，在一次酒醉后，爷爷骑着马遇到了陈队官，对着他一通大骂，然后就被开除了。爷爷曾经和儿子们提过在弁目队训练时很苦，每天早上跑步，结束后军靴里都能倒出汗水；还提到他后来曾去西康打仗，很冷，雪山上的光很强，他们都要戴墨镜。虽然在四川陆军弁目队待的时间不长，但正是这段经历，让爷爷在很多事情上得到了一些照应。

爷爷是个性情中人，这种性格在他追求奶奶时体现得更为明显。当年爷爷 30 出头，除了任第 7 师独立旅的参议，还担任了当地几个县的清乡司令，职责就是管理那几个县的治安，所以随身带有手枪。有一天，爷爷到邻水县高级女子学校，看到了一个女学生，一见钟情，于是找校长打听，然后上门提亲。但奶奶的家长不同意，嫌爷爷结过婚，还有一个女儿，结果爷爷总去学校找奶奶，无奈之下，奶奶不再去上学，藏了起来。爷爷情急之下去找校长，说着半截话故意掏口袋，手枪“咣当”一下掉了出来。校长胆小，赶紧说服奶奶的家长，让奶奶嫁给爷爷。

爷爷一生娶过四任妻子，第一任生下一个女儿后去世了，这个孩子就是我二姑，小时候我见过她。还有一个大姑，不

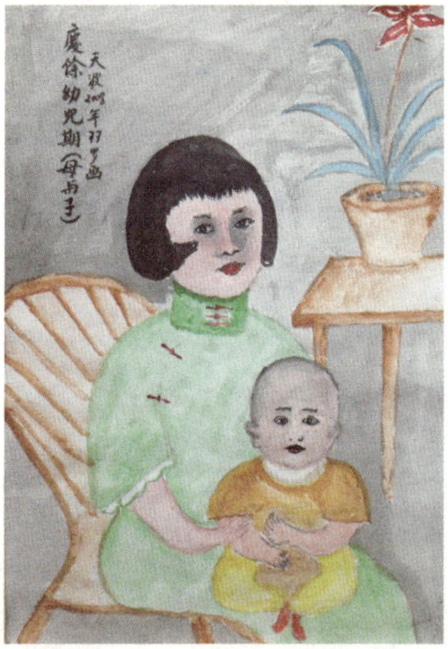

左图　奶奶游筱箐年轻时的照片。（老照片曾遭涂抹）
右图　小时候的爸爸被奶奶抱着，妈妈杨天波根据照片画的。

是亲生的，听大伯说是别人过继给爷爷奶奶的，她是家里最神秘和凄凉的一个人。爷爷的第二任妻子就是我奶奶，生了 7 个孩子。第三任妻子原来是照顾爷爷母亲的一个小姑娘，17 岁时生下一个男婴后不久得了天花，去世了，临终时和我奶奶说："姐姐，我命不好，好不容易享福了，也生了儿子，却要死了，这个孩子请你把他带大，我来世做牛做马也要报答你……"奶奶很诚恳地答应了她，后来也兑现了承诺，对我这个叔叔视同己出。男孩子们之间一闹矛盾，奶奶总是偏向他，说其他孩子的不是，奶奶还帮着这个叔叔带过孙子……我爸爸李庆余、大伯李汉辅、二伯李庆樑和五叔李仲伦组成了我们家的"四大金刚"。

爷爷的母亲和他的第三任妻子。

爷爷的第四任妻子是前清官宦人家的姑娘，"四大金刚"喊她"娘"。这个"娘"的母亲也与爷爷奶奶一家住在一起，她有很多值钱的古董。

提到称呼，爷爷家很独特，所有的孩子称我爷爷为"伯伯"，称我奶奶为"太太"，称我爷爷的第四任妻子为"娘"。大家都很奇怪，不知为什么一直那么叫，或者他们都知道，但不愿多说。想来爷爷这样做应该是为了怀念他早早去世的弟弟李云凡。这个弟弟，爷爷把他安排在万县的 21 军军部做文书，据说他整天穿得西装革履的，但不幸沾染上了毒品，死在万县的一个小旅馆里，还没来得及娶妻生子就走了。爷爷花了很多钱把他的尸体从万县运回重庆，并且请来和尚为他念经好几天才安葬。

爷爷一共与四任妻子生下了 16 个孩子，其中夭折一男孩（排行老九）和一女孩（排行老三）。爷爷家孩子的排行里还包括了他好友兼邻居黄裳吉家的孩子，他看到爷爷家人丁兴盛，为图个吉利，就把他的儿子也排进爷爷家。所以我几个亲叔叔的排位是跳跃的，一、二、四、五、七、八、十、十一、十二、十三是爷爷的亲生儿子，除此之外是黄家的儿子（除了老九）。

03 本自是穷人李老祖，见中山叹其如乞丐

此时生活在南方的不论妈妈家还是爸爸家，都不会知道，在北方，有个将来会成为亲戚的老先生，正在忙活一些更大的事。

李廷玉，字实忱，清末秀才，民国时期曾任江西省代省长，是我婆婆的爷爷。1913 年，李廷玉随北洋陆军第六师师长李纯赴江西镇压“二次革命”。1916 年，爷爷李孟凡正作为护国军郑英部的参谋，在川南与袁世凯入川的北洋军队作战。而此时的李廷玉，是袁世凯北洋军队里的一员耆将，爷爷与李老祖虽没有正面交战过，但却身处对立的阵营，并不知命运里的潜在关系。

1917 年，发生了一件戏剧化的事，李廷玉老祖手持葵扇，冒着从城墙上打出的子弹走到永定门下，在火线下劝张勋停战言和、放弃复辟。当时的局势为段祺瑞马场誓师声讨，原本支持复辟的一些力量发生了变更，加上 1911 年李廷玉与张勋是在辛亥革命期间死守南京时一个战壕里的战友，关系很铁。因此，张勋最后听从了李廷玉的劝告，得以体面地收场。

张勋之前被不少人忽悠了，包括李廷玉在内。张勋复辟前曾派亲信部将李辅廷去找李廷玉，询问其对复辟的看法。李老祖的回复是：“余意复辟非不可办，但须各督意见相同，且歃血为盟，方为完全办法。”可见君主制在当时是有一定市场的，李廷玉居然没有及时明确反对，只是觉得时机尚未成熟。

后张勋进入德国使馆，段祺瑞主张引渡，派外交总长梁孟亭去抓捕。结果张勋左手拿着一本花名册，右手拿着枪说：“引渡我不难，但复辟非我一人，可将册内赞成复辟者，全行拘到，余即出头引咎自责，勿庸向外人饶舌。汝本反复小人，佯装正派。”说完把手枪往桌上一拍，问对方：“认识此物否？”梁面如土色，赶忙跪倒说：“被逼而来……”后

李廷玉老祖，清朝遗老、北洋耆将。

马上溜走，大病一场……

不久孙中山发起护法战争，江苏督军李纯、湖北督军王占元、江西督军陈光远三人推李廷玉出面，去找孙中山谈和平解决之事。那次见面给李老祖印象深刻的是孙中山及其议员，数人同租一屋、共搭伙食、形同乞丐。李廷玉叹道："中山大元帅，已苦避债无台，近日卫兵饷，亦无着落，明日决开诚商榷……"此次和谈后被段祺瑞搅黄。

1922年，李廷玉在北京政海里周旋，一直致力于让黎元洪罢免时任直隶省长曹锐。最后达到部分目的，曹锟下台。不久后随江西督军蔡成勋入江西担任代理省长，但维持时间不长，当地人认为李廷玉是军阀，发起罢课、罢市运动，赶走了他。

（本书中所涉及的有关李廷玉的历史资料，均根据天津人民出版社《天津文史资料选辑》第四十三、四十四辑《李实忱回忆录》整理而得，后文不再另外说明。）

时空大地毯上的回望

20世纪前30年，三位老祖都经历过了一些类似的事。爷爷李孟凡一心想去日本留学，且靠自己的智慧考取了赴日本留学的高额奖学金，但不幸被抽大烟的父亲把钱抽光了。李廷玉老祖于1906年赴日本参加东京博览会，实为秘密考察军务（他曾专门写有《东瀛记程》一书，可惜在"文革"中遗失）。而外公杨露则于1931年在东京读书。他们三个人，一个东京留学梦破碎；一个因"九·一八"事变而愤怒回国；另一个作为清政府的军事间谍，在东京"游荡"了不短的时间……

杨天波绘画作品·临摹作品·I

临日本画家鸟文齐荣《吟诗的艺妓》。

临齐白石《清平富贵》。

临拓片《关公》。

临冯骥才《一月·静谧》。

第二章

01 秦世昌被杀雨花台，外公等一干人躲过

1931年，外公杨露与一批热血青年因“九·一八”事变爆发，愤怒地拒绝继续在日求学，一起回到了南京。蒋介石派国民党执行委员贺耀祖（贺毕业于日本陆军士官学校第11期辎重科）接见了这批爱国青年。外公原本应跟随大家一起被编入“中央大学”军校第8期，但他考虑到学费是马毓智师长赞助的，万一四川局势有变化，中途没人资助他又得辍学，所以他选择了学制短的金陵大学农学院农业专修科，只需两年就能毕业。

外公经考试进入了那里，然后才写信和马毓智师长商量能否继续资助，由原先在日本的每月300元改为150元。马回信说没有问题，并嘱安心求学，望毕业后返回四川。

在金陵大学读书期间，外公总去二哥杨汝襄的朋友秦世昌家里（南京“螺蛳转弯”）做客，秦是他在四川上中学时经常与二哥一起玩的好友。当时秦的公开身份是国民党宣传干事，后来外公才知道他是中共地下党员。那几年，外公的侄子杨乾九和瞿秋白的妹妹瞿茹芬都是经常住在秦家的。外公没事总往那里跑，这期间见过瞿秋白两次，瞿每次都是下午来，住一夜，转天黎明离开。瞿秋白个子不高，两次穿的都是旧灰布长衫，戴顶呢博士帽。秦世昌介绍他们认识后，大家谈话很随意，有说有笑，一起玩过扑克，但他们绝口不

对页图　临毕加索《梦》，杨天波画。

左图　外婆抱着大舅的老照片。
右图　妈妈画的外婆抱着儿时的她。

谈政治。

外公的回忆录里提到过秦世昌大哥询问他四川的情况和被黄埔生排斥等事，秦愤慨地说："蒋就是不肯和共产党合作，怎么连地方国民党青年同志也加以排斥呢？真是岂有此理！"秦还推荐外公看《立三路线》等小册子。大约在 1932 年初夏，秦家的男仆忽然来金陵大学找外公，说："你不要再到'螺蛳转弯'去了，秦先生被捕了！现在那有人驻守，凡是去找他的人不问缘由都抓走，幸好杨乾九早就去上海了，瞿茹芬前月回家去了……"好心肠的男仆说完就走了。

外公怕特务去学校找他（因秦家有二人的合影），去上海躲了半个月，见没动静就又返回学校，即听说某天黄昏在雨花台有几十个共产党人被杀，后被就地掩埋了，没有布告，也不知死者姓名。外公利用周日去中华门内外街道附近转悠、打听，结果路人告诉他死者里有个白发大个子老头，外公一听就知是秦世昌！两年后他回成都去看望秦夫人时，告诉了她详情，秦夫人老泪纵横，泣不可抑。外公将手上的结婚金戒指摘下给了她，可变卖七八十元，希望能帮她一段时间。秦夫人那时有个八九岁的养子，后来她生活无着落，让养子出家当了和尚。新中国成立后，政府给补贴，她的养子还俗做了工人。

外公在南京求学这段时间参加了著名的京、津、沪、汉学生到南京政府请愿的抗日大游行。

在 1930 年至 1932 年这段时间里，妈妈住在成都西御街，虽然那时她只有两岁左右，但有件事她记得很清楚，并且画成了一幅画。外婆那时 29 岁左右，因为自己有个漂亮的女儿，所以总想变着花样打扮她。有天她买回一件白色小旗袍，上面有朵大荷花。别看妈妈当时才两岁，但有自己的主见，不喜欢！不穿！外婆生气了，硬是在女儿的“哇哇”大哭声中把那件旗袍给她穿上了！然后，显摆心很重的外婆就拉着还在大哭的女儿上了街，目的是给街坊邻居们看她女儿穿上新旗袍有多漂亮……

妈妈根据小旗袍事件画的《如果时间有隧道》。

奶奶因贴标语进监牢，被问“天快亮了”啥意思 02

接续第一章内容，就在外公还就读于成都大学时，1925年8月，蒋介石邀请当时的川军总司令熊克武南下广州“共商军事”。那时作为熊克武护国军的郑英部已改为1军第8混成旅，爷爷李孟凡在那做咨议，后跟熊克武一起南下了，这是因为熊要在广州广大路设立川军总司令部驻穗办事处，需要些人手。

到广州不久，蒋介石以熊克武与陈炯明有勾结为由，在邀请熊赴宴谈事时把他逮捕了，后解散了熊的川军总司令部驻穗办事处。爷爷只好黯然回川，在四川善后都督办公署里做了一段时间的参议，后那里改为国民党21军军部，爷爷是上校。这期间（1927年），刚结婚不久的奶奶被21军军部逮捕了。

我的奶奶游筱箐曾就读于四川邻水县唯一的高级女子小学。那时刚有女子学校，小学只是指课业程度，女学生的岁数都不小，从照片上看我奶奶的年龄应该有十六七岁。她在那里读书时，学校虽已经废止读经，但对女生还是有很多歧

奶奶（右一）与四川邻水高级女子小学的同学。

视性的规定，比如禁止女生读新书、新报（指思想进步、鼓励妇女解放之类的书）、禁止女生剪发、禁止会见男性宾客、来往信件要经过检查等。

根据《四川党史研究资料》（1985年10月号）刊物中第29页的《大革命时期党领导的邻水县妇女运动》一文记载，在女子小学任教的共产党员陈峻山以国民党党员身份宣传国民党第一次代表大会、鼓动民众革命热情为掩护，在邻水初级中学办了暑期讲座，100多名青年男女参加了学习。奶奶就是在这次学习后被发展为共青团员的。

1926年秋天，中共邻水县特支委员会成立，陈峻山任书记。特支办公室地址就设在奶奶就读的女子小学里，还成立了妇女支部，曾淡如任支部书记。爷爷在回忆录里称她为曾菊似。奶奶和这些女同学成立了“姐妹会”，提倡婚姻自由、男女平等，反对虐待妇女行为。同时还具体组织了反对缠脚的活动，宣传“天然脚”。她们走向街头，利用一些强制给女孩缠足致死的案例，对当地民众进行引导。这样的活动她们进行了半年，解放了不少女孩子的小脚丫。

1927年，邻水中共妇女协会选了几个女生去重庆中法大学学习，其中有奶奶和她的妹妹，以及她的革命闺蜜张碧玉及黄伯坚。1927年3月31日，奶奶同邻水县的13名女生一起参加了中共在重庆组织的声援“南京惨案”集会。同年除夕，奶奶参加了中共妇女协会组织，任务是布置在城乡各场镇、街道、学校、庙宇张贴“打倒军阀！”“打倒蒋介石！”“解放妇女！”“男女平等！”“天快亮了！”等标语传单的行动。大年初一一早，此事轰动了整个邻水县，奶奶因此被传讯。

21军军部的人审讯她时质问道：“‘天快亮了！’是什么意思？！”当然，爷爷很快知道了奶奶被抓的消息，由于21军就是刘湘的军队，且爷爷与刘湘是同学关系，奶奶很快被释放，从此奶奶就再没涉足此类活动，在家相夫教子。

蒋介石会晤李老祖，碧云寺里拒再从政 03

1928 年初，国民革命军向北方推进，张作霖在皇姑屯被炸身亡，他的部下张宗昌、褚玉璞及残余部队就像脱缰的野马，在天津祸害百姓。李廷玉出头组建天津绅商临时维持会，绅商垫款且依靠何绍南一旅军队维持当地治安，直到傅作义到津就任警备司令后，李老祖宣布该会解散。

事后，蒋介石很感激李廷玉，专门邀他在北京碧云寺会晤。李在回忆录里说蒋极和蔼，且感谢说："老先生劳苦功高，国家依赖，有何高见，务望直言。"后蒋想委任李廷玉为山东主席委员，李说想一心经商，便婉拒了。

这是李廷玉第二次出面维持天津地面治安，第一次是在 1912 年"壬子兵变"时。当时天津出现烧杀抢掠，李廷玉出面维持，主张严打，但省会议长王俊明觉得他不讲人道，李廷玉听罢说（大意）："造币厂和其他地方已经死了 3000 人左右，这些人的人道谁来主持？今夜咱俩坐警厅谁也别走。我主张杀十几乱兵枭首示众，如果此法不能制止百姓继续被杀、被抢，你杀我；如果此法管用，我杀你，以谢国人！咱们一决生死怎么样？"王听后不再反对。因此，"壬子兵变"期间天津只乱了一日，北京、河北都是烧杀三日，人员财产损失惨重。

时空大地毯上的回望

这段时空内，给我的感觉是，妈妈还太小，别说自己未来亲家的爷爷李老祖在忙什么、自己未来的公公婆婆在忙什么，就连她自己亲爹亲妈在忙些什么都应该是不清楚的。而三位老祖虽彼此不知其他人的存在，但却是有牵连的。外公杨露的好友被蒋介石南京政府杀害，爷爷李孟凡的新婚太太被蒋介石21军军部抓捕，李廷玉老祖因阻止天津兵乱与蒋介石会晤……茫茫人海，谁说得清谁和谁都是谁的谁呢？

临摹法华寺壁画日天太阳神。

临伦勃朗《波兰骑士》。

临达利《超现实的公寓》。

临毕加索《老吉他手》。

第三章

临凡・高《船》，杨天波画。

01 听到“蒋介石”需立正，外公进复兴社不爽

1933 年，外公杨露从金陵大学毕业后，马上就收到成都大学同学刘启明的电报，刘催他尽快回川任四川省高级职业学校校长。原来，“二刘”（刘文辉、刘湘）战争接近尾声，刘湘的势力尚未到达成都，刘启明、易光谦跟向传义、周世英、马毓智、邓锡侯推荐了外公。后因被实际掌控学校的青年党排挤，身为国民党党员的外公干了一年多后便辞职去给周世英当中校秘书了。

在周世英手下这段时间，国民党复兴社的刘树基（黄埔 5 期）、高师附中 8 班的同学找他入复兴社，说这个社的每个社员都直接受蒋介石领导。此时蒋介石的势力已经大举入川。外公加入后，帮该社写过几份《优秀人士调查表》，但由于对复兴社规定的“提到委员长要立正、坐直”极为反感，最终退出了复兴社。

当时成都复兴社有活动，都是临时通知一个地址（通常是某人的家里），让大家去那里聚会，搞得比较神秘。就在外公 1935 离开成都前，当时成都大道书局经理蒋子君口头通知他“到西城河沿街一家去一下”，外公准时去了。“里面有男有女，共五六个人，我都不认识。我说明是蒋子君叫我来的，并介绍了自己的名字。一个女的叫我等一会，便进去了。不久出来说：‘今天不开会，改天通知你。’她的态

左图　外婆年轻时抱着儿时的妈妈。
右图　妈妈临凡·高作品《罂粟花》。

度蛮好的。我便告辞（离开成都）去温江部队了……”外公在他后来的回忆录里如是说。这个复兴社如此神秘，其实它就是后来的军统。

那时妈妈已经有个1岁多的弟弟了，她总是想像大人那样背着弟弟，可不太会背，每次背的时候，如果她的两条小胳膊夹着弟弟的两条小腿，弟弟就往下掉。

妈妈随外公，喜欢各种花草植物，这可能也是她当年报考川大农学院的原因。

跺脚才开的刘湘舰，爷爷当舰长没久做 02

就在外公杨露在成都一带跟着周世英忙活时，爷爷李孟凡在第21军军部任职。这21军的军长就是爷爷的同学刘湘，爷爷给他做过军舰舰长。

大约1931年底，刘湘一心要拥有海军的梦想终于有了眉目。他花了15万银元从上海合兴、大中华船厂订购了两艘浅水炮舰，据说都是旧的，命名为“巴渝号”“长江号”。

当时这样的炮舰即便是旧的，在长江里巡逻已经显得很威风了。有了这两艘炮舰，刘湘觉得还不能称自己拥有了海军，就又花了 200 万银元，派人去法国购买了两艘商业轮船。实际上，这两艘船是报废船，但刘湘不知情，也许被法国人或部下忽悠了。

买回这两艘船后，刘湘派人进行了改装。每艘船长 30 米左右，首尾尖尖细细的，很是高耸，整体有点儿像一顶狭长的贝雷帽。前部两层，由钢板焊成，比同类船只高一些。船舷则比同类船只高不少，前部底舱水线上端靠甲板处，左右各有 5 个圆洞，既可用于射击，又可用于瞭望。该船的动力来源是燃煤蒸汽机，烟囱比国内当时的粗壮高大，整条船被涂成黑色。刘湘把船周身包了一层钢板，又在船头上装了门小钢炮，在船尾左右两侧各装一挺重机枪，然后又立起一根高高的桅杆，上面有一排无线天线，像一面巨大的蜘蛛网旗帜迎风破浪。洋“军舰”竣工后，早年留学日本、刘湘的幕僚张必果写诗沿江昭告百姓：

爸爸小时候与家人的合照。左二为我爸爸，抱他的是一直带他的奶妈。左三为二姑，左四为大伯，右三为奶奶，右二为五叔，右一为五叔的奶妈。

好个巴渝大兵船，由渝开万才七天。
一切设备都齐整，外有纤藤两大圈。
若非拉滩打倒退，几乎盖过柏木船。
布告沿江船夫子，浪沉兵船要赔钱。

这诗中的“若非拉滩打倒退”的意思是，该船由于吨位小，马力不大，每次船上的小钢炮只要发射一炮，其后坐力使船身向后倒退很远，有时还会抛锚。如果想再打一炮，还得重新起锚，调整好船的位置，再开炮。而诗中另一句“浪沉兵船要赔钱”是指长江上的过往民船，如果掀起的波浪太大，“浪沉”了该兵舰，是要赔偿的。

据说这两艘船没怎么打过仗，倒是帮刘湘走私了不少烟土。不过这船也经历过一次很有趣的战役。[3] 有次刘湘派军舰“嵯峨号”去攻打泸州，没打几炮，这船就被后坐力冲到岸边搁浅了！刘文辉部队一看高兴坏了，用四川话喊道：“逮到起！活捉刘湘军舰！”“嵯峨号”舰长吓坏了，赶紧命令士兵往江里扔东西，见不行，又命令所有官兵跑到船的前甲板上喊号子一起跺脚，想把船从搁浅处跺出来，但还是不见效，最后舰长命令官兵搬沉重的东西放在前甲板上。这次起作用了，“嵯峨号”的船尾翘起来了，舰长赶紧下令开足马力逃往重庆。

刘湘还做过空军梦，曾买回一架飞机请德国飞行员试飞，投炸弹时炸死、炸伤当时围观的官兵100多人。后又买回另一架飞机试飞，但当着他的面坠落爆炸了。刘湘还做过神军梦，找来占卜师刘从云组建“神军团”，让其他师长给刘磕头，结果杨森说：“我妈死我都没磕头，肯定不会跪他……”刘湘也做过教育梦，他捐钱建了重庆大学，死后其夫人还用遗产捐建了一所中学，他的儿子就在那里读书。

这艘“嵯峨号”，不知爷爷上去过没有，但它的经历实在太丰富了，后来在国民党抗战时还被用于运输武器弹药（改

3 20世纪30年代，24军军长刘文辉和21军军长刘湘这两叔侄成为四川地区两大军阀。刘湘的21军防区为重庆、万县、奉节等20余县，总兵力约10万人。刘文辉的24军防区有70余县，占四川大部分地区，总兵力约20万人。虽为叔侄，但此前的防区制限制了二刘势力扩张的野心，“二刘”之战的缘起，主要就是互争雄长。战争的直接起因是刘湘占有川东各县，便于向外国购买先进武器，但对其他军队却一概禁运，刘文辉深为不满。后双方商谈失败，战争渐起。“二刘”之战的主要战役有泸州战役、老君台战役等，刘湘最终获得了名义上的胜利。战后刘文辉退守西康，坐镇西康17年，最终于1949年12月发动西康起义，向共产党投诚。

名“建中号”）。新中国成立后，这船归了望江兵工厂，用于运货和运载乘客。到了1967年“文革”的“武斗”时期，“建中号”被红卫兵改装，把望江兵工厂的37高射炮安装到船上，然后红小将们开着“建中号”溯江而上，来到重庆朝天门码头，对准另一方狂轰乱炸，造成了震惊全国的“文革”重庆“海战”。

此时的爸爸，大约也就是照片里的年龄和样子。那时爷爷经济比较宽裕，每生下一个小孩，就聘请一个奶妈带着。

03 涉及“长芦五纲总案”，阎锡山抓走李老祖

这个时期的李老祖摊上大事了！他牵涉到了近代史上著名的“长芦五纲总案”[4]。

上一章说到李老祖刚出面平定了天津张作霖部下的乱兵，蒋介石很感激，委任他为山东省主席委员，但李决意单纯经商，不想再涉足政坛，便婉拒了。然而李廷玉经邵力子（中国近代著名教育家、政治家、清末举人）向蒋介石转达了他对长芦盐商（因天津长芦盐场而得名）累年积弊的不满，表示如能彻查，可追缴到几十万的赃款。当时蒋介石正为军费犯愁，不久时任天津警备司令傅作义便将“五纲总”（李赞臣、王君直、杨丹臣、郭少岚、李少舫）逮捕。蒋介石指派王宠惠、冯玉祥、阎锡山、孔祥熙、宋子文、谭延闿、赵戴文等人，组成“审讯长芦盐案委员会”，王宠惠为主席委员。但因各委员一时难以聚齐，故此案一拖再拖。直到8月，才由赵戴文代理主席委员，开庭审案。但一审吓一跳：李廷玉控告的侵蚀公款案，牵扯了历任纲总，如彻查，则带出太多上层人物，且各纲总所为都曾取得了历任盐运使的批准，可见是利益共享的窝案。此案审理刚开始就搁浅了。

“长芦五纲总案”历时3年左右，中间经历了1930年的“中原大战”，李廷玉和“五纲总”夹在蒋介石和阎锡山

4 据天津市社会科学院历史研究所王兆祥载于2000年第1期《历史档案》文章《从长芦五纲总被扣案看商会与国民党政府关系》介绍，长芦是我国历史上北方重要的产盐地区之一。清道光年间，长芦纲商自己组织了一个办事机构，称芦纲公所。民国以后，芦纲公所成为商会下辖的同业公会组织，有的纲总则又被推举为商会的领导成员。1928年，蒋介石密令天津警备司令部，将长芦织总李赞臣、王君直（任天津总商会副会长）杨丹臣、郭少岚、李少舫拘捕，后押解南京，在天津商界引起震惊。天津总商会以天津商民代表的身份和资格出面，多次致函电南京政府，要求早日释放五纲总。这一事件前前后后历经3个年头，后因王君直病死于南京，更引人注目，最终演变成了轰动一时、全国瞩目的大案。文章认为蒋介石希望通过这一案件实现对北方盐商实力派的控制。

等势力之间，均遭到了羁押。李廷玉先后被关押在天津曹家花园和山西，大部分时间被软禁在庭院里，偶尔在拘留所里待一两夜，期间因水土不服患痢疾。天津报纸宣称李廷玉因病死在了山西，家人悲痛万分，李廷玉得知后立即拍电报稳定家属情绪。不久，阎锡山因顾及李廷玉门生、故吏太多，将他释放了，但查抄了他在天津的两个盐号。而“五纲总”之一的王君直在羁押期间死于南京。

时空大地毯上的回望

这段时空里，与妈妈有关联的这三位祖辈，彼此互不相识，但都在为营生而经历着悲喜。三个人的交集点在蒋介石那里：刘湘做大“海陆空”的目的是觊觎全中国，意欲与老蒋平起平坐，因此才有爷爷当舰长的经历。李老祖夹在阎锡山和蒋介石之间，一定程度上成了新军阀斗争的牺牲品。外公耿直、单纯地反感“提到委员长要立正、坐直”而被认为不忠，不被成都复兴社重用。

杨天波绘画作品 · 临摹作品 · 3

《森林中人猴友好》，参考某报刊图片。

临当代艺术画库《无题电影剧照》。

《米开朗基罗像》，据参观画展后瞬间记忆所作。

临夏加尔"维捷布斯克上空裸女"
杨天波二〇〇六年

临夏加尔《维捷布斯克上空裸女》。

第四章

01 大官薛岳住外公处，只因督刘湘堵红军

1935 年春，刘湘派马毓智的军需处长甘焘去新津当县长，外公随甘一起到新津，并担任了该县第一区区长一职。当时新津有三个土匪：袁大汉、李元亨和已经当上乡长的岳从先。外公明白，要搞好自己区里的治安，必须先搞定这三个人。一天，外公带着一个勤务兵去找李元亨。来到李元亨的地盘，李很客气，请外公上座，但谈了没两句，进来五六个大汉，有的提着手枪，有的提着土机关枪。外公见状怕引起误会，就故意把皮披衫脱掉扔在炕上，以示自己没带武器。然后开始和李谈，请他组建自卫队维持治安等问题。李土匪解除了警惕和恐惧，就让几个大汉出去了，并问了些诸如经费等实际问题。外公说区里有资助，并会设置文书和负责军事训练的教官等。李欣然答应，后来做得很认真，周边主要路桥的治安也很好。

袁大汉始终不和外公见面，但在外公任内他确实也没做过出格之事。岳从先由于过去通匪，故在外公面前总显得矮一头。但是外公找到他说："只看将来，不看过去。"岳便很努力地做，他和李元亨地盘的治安一直很稳定。

1935 年夏初，红军长征北上路过邛崃的火井、活口山区。蒋介石一方面急电刘湘，让他的川军务必在雅安、名山、邛崃一带全力阻止红军下山；另一方面派出嫡系薛岳部队进驻

对页图　临林风眠《老翁》，杨天波画。

新津、薄江一带，以防刘湘溃退。结果刘湘派出了他自认为精锐的“刘神仙”（刘从云）部队，以及28军周世英混成旅等部。结果“刘神仙”的部队失利，刘湘亲自赶到邛崃前线督战才算稳住些阵脚，也幸亏红军不想恋战，虚晃一枪就离开邛崃北上了。此时薛岳住在外公在新津县府的个人办公室，见红军不下山，薛就带着部队离开了。

不久，蒋介石在峨眉山开办“峨眉军官训练团”[5]，外公参加了第3期的培训，为期1个月。这一期主要是川、滇、黔三省的文武官员，四川高级官员大部分都到了，刘湘因要对付川陕交界的解放区没有来。

这样的培训除军事演练部分外，一般都在报国寺上课，蒋介石亲自训话，讲了《大学》的序言。外公认为他不太懂经学，所以讲得不是很清楚。然后蒋花了一些时间给军官们讲“攘外必先安内”的道理。外公在回忆录里说蒋介石每次来给他们上课时，走路都很慢，据传这是国民党元老戴季陶的建议，说这样是走“龙行虎步”。当时蒋介石住伏虎寺，其他军官搭帐篷住。当时的条件很是艰苦，与外公同住一个帐篷的双流县“总舵把子”李安邦，因为吃了帐篷里蜈蚣爬过的广东月饼而中毒身亡，外公也患上了疟疾，打了3个月的摆子（方言，指患疟疾）。

5 “二刘”战争后，蒋介石在川势力日渐壮大，“峨眉军官训练团”即为蒋介石“攘外必先安内”和想控制川军之举。训练团后因抗战形势吃紧而草草收场，共举办了3期，训练军政人员达4000余人，其中不少军政人员倒向了蒋介石的国民政府一边，在统一西南军政事务、打破四川军阀割据局面方面起到了推动作用。

小男孩站阳台看下操，爷爷新楼外现骑兵 02

1935年左右，妈妈约4岁，爸爸约5岁，互不认识，一个在成都，一个在重庆。此时爸爸他们一大家子住在重庆联升街（现为凯旋路中学一带）的一幢6层楼的住宅里。这座房子是爷爷自己设计的，他出售的房子、家人住的房子都是自己设计的，他曾订阅了很多建筑学杂志自学设计。这个楼共6层，3层在岩上，3层在岩下，充分利用了重庆的山坡地形。1楼的门在一条地势低一点的街上；而正门在

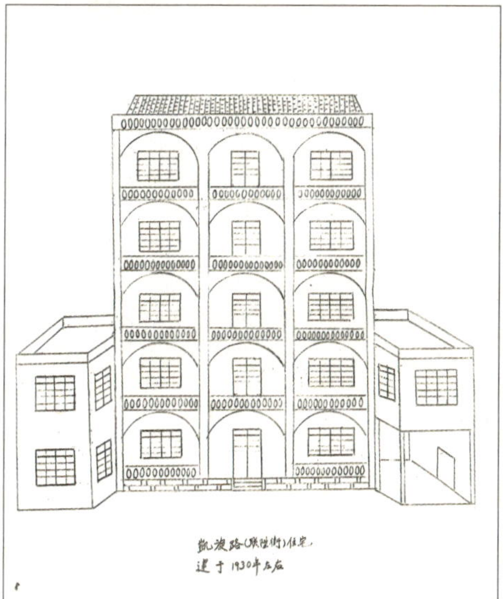

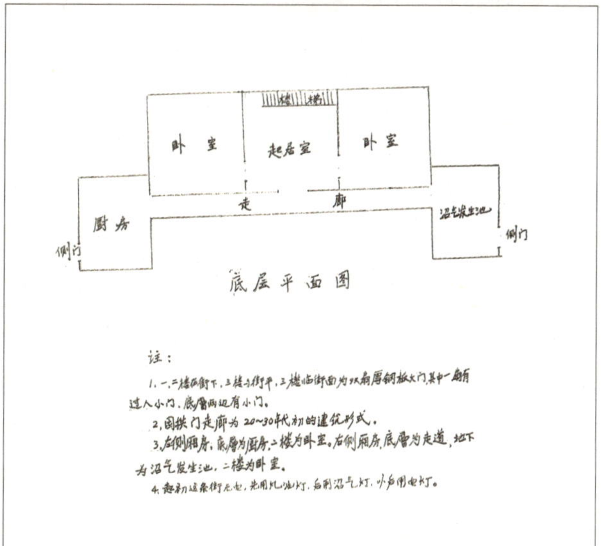

1.“四大金刚”与奶奶、姑姑的合影。前排右一是爸爸李庆余，右二是大伯李汉辅，右三是二伯李庆樑，右四是五叔李仲伦；后排右一是奶奶游筱菁，右二是二姑李淑芳。

2. 妈妈根据照片画的奶奶和我爸爸。

3. 大伯李汉辅画的爷爷家联升街的房子。

4. 大伯李汉辅画的爷爷家联升街的房子底层平面图，很清楚地说明了两个侧翼的用途及样子。从图3、图4中可见爷爷这个没读过建筑学的人自己设计的房子有多精巧。

3 楼，在另一条地势高的街上，大门都是铸铁的，既能防火又能防贼。

此楼双侧翼有 2 层小楼，且说左边侧楼底层是通道，通道下是沼气池，右边侧楼底层是厨房，主楼窗户的玻璃用的都是五颜六色的压花玻璃，很像教堂的玻璃。杨森的公馆“渝舍”与爷爷建的这座楼相似，但比它大 3 倍。这类公馆目前保存得最好的就是白公馆了，这里因是一名川军白姓师长的公馆而得名。

联升街的这座楼的 3 楼正门有爷爷雇用的一个看门人，50 多岁，姓彭。除看门外，还负责 3 楼的清洁卫生，以及照料一只鹩哥、一只鹦鹉、两只白燕。鹩哥会学人说话，尤其学爷爷的那句（应该是四川调的）：“老彭，开门！”大伯说老彭在楼下吃饭，经常听到爷爷喊：“老彭，开门！”跑到 3 楼一看没人，才知道是鹩哥喊着玩儿的。

大伯记得房子的右前方坡下，是刘湘的骑兵营，也叫镇守寺。应该是清朝时留下的兵营，有很大的一个操场，大伯和我爸儿时常常站在自家这座楼的侧翼阳台上看军马下操，而“四大金刚”（见前页图 1）总是会跑出这座楼，沿着左边的石街往下跑，然后再从厨房后门跑回家。在街上时，经常可以看到“中央军”调动、路过，他们都穿着呢子军服、皮靴，军官挎着指挥刀，士兵背着的步枪比川军好很多，看着相当威武。那时已经在准备抗日了，街上堆着沙包。刘湘把东区（包括万县、重庆）都让给了“中央”，镇守寺也给蒋介石做了行营（即蒋介石除了陪都重庆外的司令部）。

那时联升街还没通电，吃饭时，女佣会站在风扇后面，对着饭桌用手摇出一些风来。傍晚的街道上煤油灯排成一排，有人专门擦灯罩、加煤油。后来爷爷从上海买了沼气器材，给那条街装上了沼气灯，看上去与电灯一样，爷爷的妹妹一家人都觉得他是个大发明家。结果刚装好沼气灯，电就来了。现在想来这个楼的外观一板一眼的，可内里挺浪漫的。爷爷

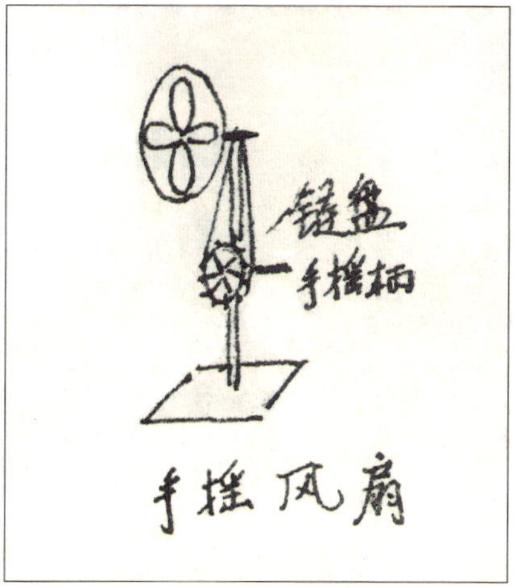

左图 大伯李汉辅画的古老风扇。
右图 大伯李汉辅画的人力车。

让乡下另一房子（孟园）的两个花工每星期送两担花盆花和插瓶花来，冬天都是红梅，起居室和各个房间的大花瓶里插满了红梅。

距离联升街不远的三圣殿，有个川军团长叫何兴武，是爷爷的朋友。大伯说他家房子的外形很像遵义会议纪念馆那种样式，四周有小花园环绕。何太太喜欢打麻将，奶奶经常带着孩子们去她家打麻将，玩点小钱时，她输了总赖账，所以外号叫何赖毛。几个叔叔喜欢去她家玩的原因是她家养了一匹马，雇有一个马夫。

何家有一个儿子、三个女儿，儿子娶了内江的富户许云章家的大小姐。这个小姐打扮都是照着电影明星范儿弄的，旗袍很长很长，都拖在地上了，亲属老是议论她的打扮。他们结婚时，爷爷带着大伯、二伯、我爸、五叔四个小男孩去的，新娘子穿的是白婚纱，婚宴是西餐，在那个年代算相当前卫了。大伯对吃西餐很期待，对新娘穿婚纱、新郎新娘走红地毯之类的新仪式没什么兴趣。但到了该吃西餐的时候，爷爷却带着他们离开去旁边的餐馆吃饭，大伯很失望，但后来他理解爷爷的意思是不想让别人觉得他带着这么多儿子来吃饭占便宜。

不久何少爷病死了，许大小姐改嫁一飞行员，后来飞机失事，飞行员的尸体都没找到。何团长不久也离世了。三个女儿里，何二姐（大女儿）嫁给一个在基督教教会工作的青年，何太太不喜欢。何三妹（二女儿）挺惨的，大伯说不知什么原因疯了。大伯小时候去她家，看到她脖子上被一条铁链子锁着，坐在地下室冰凉的椅子上。大伯至今记得何三妹用乞求的目光看着他，那时她也很小，比大伯还小，这一幕让大伯很难过。不久何三妹也死了。何四妹（小女儿）很漂亮，有次何太太带她来奶奶家串门，她穿着当时流行的低领旗袍，露出雪白的脖子，光彩照人，把大伯给震住了。他很后悔那次何四妹朝他笑时，他紧张得扭头跑出屋子的行径，他说应该多看几眼。何四妹后来嫁给成都一绸缎铺老板的儿子。这个时期的爷爷，总是带着 4 岁至 7 岁的“四大金刚”外出，一般先到长亭茶馆，后到其春浴室，谈完生意后，领着四个小“秃头”去其春对面的永年春西餐馆吃西餐、喝牛尾汤。听大伯说，带“四大金刚”出行时，如果路不远，爷爷坐一辆人力车，“四大金刚”在后面跑；如果路远，就雇 3 辆车一起走。

大伯清楚记得重庆七星岗将军坟那边有段路坡度很大，每每走到这里，车夫都会把车辕翘得高高的，用两个脚尖轻点地面，感觉像武林高手练轻功。而有些扒手专门在这里等着抢坐车人的帽子，因为车夫是停不下来的。有时会翻车，坐车人会像倒垃圾似的从车里给倒出来。不管怎么说，带着“四大金刚”坐着人力车到处吃好东西的时光，估计是爷爷此生比较惬意、温馨的一段日子了。几年后，爷爷一家搬去观音岩住，这座 6 层的房子都租给了别人。后来重庆市国民政府扩建公路，爷爷联升街的这处房子最后被拆掉了。

03 松井石根来访密谈，李老祖拒“华北会长”

这段时间内，李廷玉正忙于冀察政务委员会和天津南运河疏通工程，期间他拒绝了松井石根等日方人员请其主持东亚协会、赴日觐见天皇的邀约。

1935年，北京成立了冀察政务委员会[6]，29军军长宋哲元任委员长。该委员会设秘书、政务、财务三处，经济、外交、建设、交通、法制五个委员会，成员包括宋哲元系、东北系、旧皖系、旧直系及平津士绅。委员会成立之初，宋哲元找到李廷玉的一个姻侄林世则，请他转告李望他担任委员的意思，但李廷玉自任江西省长被当地人罢市赶走后，心灰意冷，不想再卷进政治漩涡，就婉拒了。后来他的两个学生秦德纯（曾任国防部次长、察哈尔政府主席、北平市长、山东省政府主席）和门致中（西北军将领、宁夏省主席，抗战期间成为“汪伪”上将）也来劝说：“宋虽行伍出身，而忠诚朴实，可与共事。且公德公望，宋钦仰最久，以余（我）等与公有师生之谊，必须邀出帮忙。”李廷玉考虑后说：“宋公雅意，致为可钦……今如此说法，容余（我）稍事迂回，即当报答。”后来就上任了。

由于有《塘沽协定》[7]的制衡，冀察政务委员会可以作为的空间有限，于是李向宋提出了免除苛捐杂税、发展农田、兴修水利（疏浚南运河下游）的建议，宋赞同，李廷玉遂任南运河下游疏浚委员会常务主席，用50天时间完成了运河的疏通竣工。开坝那天，李在回忆录里说：“上游如水牛吼而来，余（我）心始能放下……”

1937年，天津特务机关长茂川秀通过介绍人邀请李廷玉参加茶话会，意思是请李担任“华北任务，实行中日提携……”，李以“年老无能，不负众望，不敢担此重肩”为由婉拒。后来又有人来访，说日本方面多个要人力主请李廷玉去东京觐见天皇一次，李以正在生病为托词也给拒绝了。

---

6 1935年，日本帝国主义策划“华北五省自治”，企图变华北为第二个“满洲国”，逼迫国民政府签署《何梅协定》。同年国民政府在日本的逼迫下，下令改变华北的行政体制，11月26日取消军事委员会北平分会和行政院北平政务整理委员会，12月18日成立冀察政务委员会，任命29军军长宋哲元为委员长。冀察政务委员会名义上隶属南京，用人行政的权利则完全掌握在宋哲元等人的手中，算是一个半独立状态的政治组织。

7 《塘沽协定》是国民党政府和日本侵略军于1933年5月31日签定的“九·一八”事变后丧权辱国的停战协定，规定中国军队撤至延庆、通州、宝坻、芦台所连之线以西、以南地区，以上地区以北、以东至长城沿线为武装区，实际上承认了日本对东北、热河的占领，同时划绥东、察北、冀东为日军自由出入地区，从而为日军进一步侵占华北敞开了大门。

天津南运河疏通工程竣工的报纸报道，紧挨着石碑右侧的第一个人是李廷玉。

不久，松井石根来到天津，因早年曾在南北议和中有过接触，这次松井石根到天津后特别拜会李，目的是希望他“主办大东亚协会，以备中日实行携手……”李廷玉还是以“年老多病”推辞，并以该会已有多位资望能力之人而最终拒绝。

此事后不久，卢沟桥开火（“七七事变”），冀察政务委员会名存实亡，李廷玉遂关闭了其所开办的诊所及国学研究社，每日在家看书、写字，不谈国事，消遣岁月而已。

时空大地毯上的回望

三个家族在20世纪30年代中期的历史交集点是三家都感受到了抗日战争的临近，只是爷爷在重庆警备司令部管事不多，专心于自己经营的生意，总觉得战争再怎么打，也不会很快与他及他的生意有什么瓜葛。实际上，随着国民政府迁都重庆，他将面临的是最糟糕的情况，只是此时他还不知。

杨天波绘画作品·自创唐诗画·I

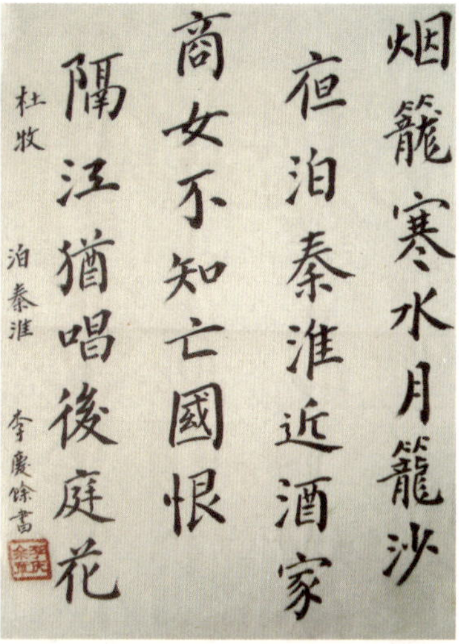

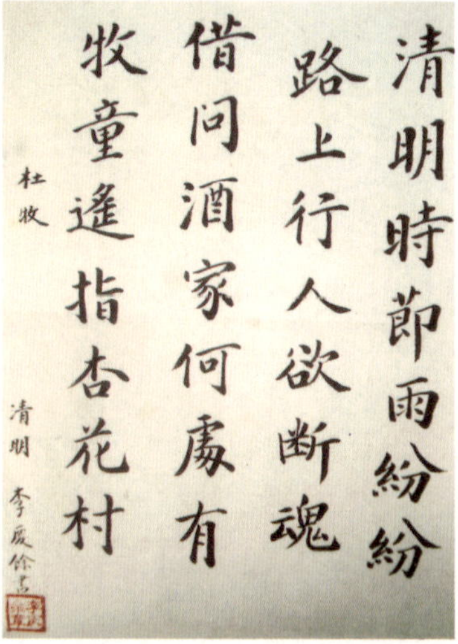

故园東望路漫々
双袖龙钟泪不干
馬上相逢無紙笔
凭君传语报平安
岑参《逢入京使》

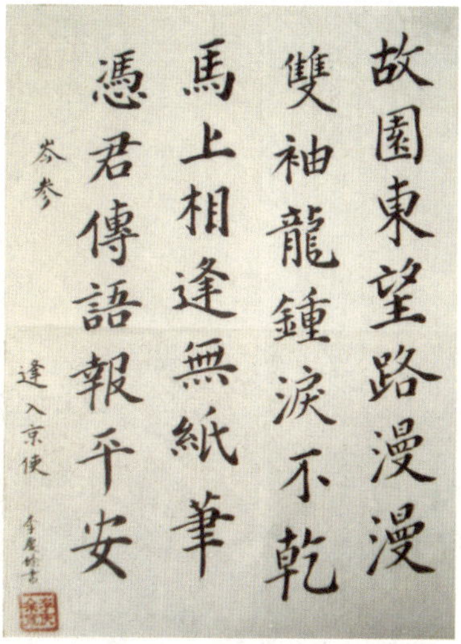
故園東望路漫漫
雙袖龍鍾淚不乾
馬上相逢無紙筆
憑君傳語報平安
岑參
逢入京使
李慶餘書

張継《枫桥夜泊》
月落乌啼霜满天
江枫渔火对愁眠
姑苏城外寒山寺
夜半钟声到客船

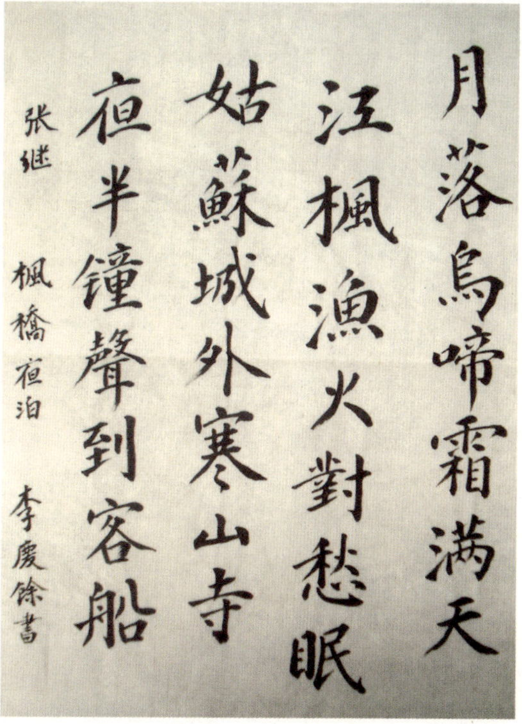
月落烏啼霜满天
江楓漁火對愁眠
姑蘇城外寒山寺
夜半鐘聲到客船
张继
枫橋夜泊
李慶餘書

第五章

《圆明园废墟》，杨天波画。

01 蒋介石"洗脑"刘湘人，刘湘不放心再"消毒"

1936 年夏，刘湘眼见老蒋一期期地在峨眉山上给他四川的文武官员们"洗脑"，心想都把"龟儿子们"训练得效忠于你了，那我怎么办。正在郁闷中，刚好蒋介石命令各省举办"县政人员训练所"，刘湘乐了，一铆劲儿兼了个"所主任"，让他的亲信秘书邓汉祥主持训练所的一切工作。

刘湘把经过蒋介石"洗脑"的文武官员都纳入"训练所""武德学友会"，大伙私下称这种训练为"消毒"，地点在成都东教场西面的玉皇观。外公是第 1 期受训，为期 3 个月。成绩好的结业后可任县长，次好的可任区长。其实学习内容大部分挺专业、正统的，如新县制法规，不完全像私底下说的"消毒"。外公自认成绩好，就没找邓锡侯、马毓智"关说"，结业后被派去新繁县第一区任区长。为了解基层，外公到那先兼任了府城地块的保长，首抓治安和训练壮丁，另引进金陵大学良种小麦"26 号"做农业实验，但外公自己说在增产方面效果不是很好。

正当区长兼保长干得起劲时（1936 年秋），外公突然接到刘湘的调令，立即去成都草堂寺报道，要他去做四川省保甲干部训练班第一中队中校政治指导员。这个培训班共有 9 个中队，刘湘兼主任，培训两期，拢共 2000 多人。外公觉得这种训练的目的是"挖墙脚（蒋系挖）"与"反挖墙脚

（刘湘反挖、保护墙脚、掌握基层干部）”的训练。当蒋介石要往这个训练班派遣教官时，刘湘马上回复说：“依法律规定，这样的小事，办个班还是由本省政府操办，就不劳烦委员长费心了。”于是蒋介石只派了广东省第三区行政督察专员、公署专员兼区保安队司令李磊夫和啸琴（即杨亦农，中华书局编辑）来这个训练班讲了几次话而已。

目睹这样的局面，身为教官的外公编写了《保甲勤务》小册子作为培训教材，每个学员都发一本带回去。最有意思的是，外公还写了一份讲稿，叫《政治讲话》，针对蒋介石主要培训内容要有“拥护‘中央’”的要求，外公发明了层层拥护法——“宝塔式的拥护”。他的理据是像宝塔那样一层一层地拥护上去，塔顶才能稳固，否则塔就有倒塌的可能，所以乡拥护县，县拥护省，省拥护“中央”。他说这符合数千年来的中国传统。后来外公调到西康，跟刘文辉说起这个，刘文辉也乐了，连忙称赞：“你这个拥护法很好，西康各培训班都要讲。”

此时的妈妈与外婆住在成都。有一天，外婆给她一件小小的内衣，想让她练习洗衣服，妈妈看见外面正在下雨，就把衣服铺开摆在院子的地上，让雨水冲。结果邻居们进进出出，都看到了外婆的这件内衣，外婆发现后有些生气，用手里的梳子敲了一下妈妈的头。

川藏土司爽摆妾阵，连长爷肝颤哪敢选 02

20 世纪 30 年代后期，爷爷一大家子人已经搬到了观音岩（现中山一路）。这是一座面积很大的二层楼房，占地约 6 亩，也是爷爷自己设计的。它建在半山腰上，居高临下，可以遥望嘉陵江，景色迷人。如果从大街走进去，要爬很多层台阶，并经过很多层花坛，才能进入客厅。“四大金刚”那时总是喜欢在二层的走廊看远处的嘉陵江水。爷爷此时已

左图　爷爷的照片。
右图　妈妈根据照片画的爷爷。

经开始了他经营房地产、宾馆、西餐厅、浴室、茶馆、模范市场等的生涯，自学建筑学的他设计了一栋又一栋的酒店、茶馆、市场，还设计修建了一些房屋出售，那些房屋的设计图纸都是他自己绘制的。

这时的观音岩里孩子多了，爷爷为一个孩儿聘一个奶妈，所以厨师、奶妈、看门人等加在一起有十多人。奶妈就是带孩子，不兼做别的，而除了厨师和看门人外，其他仆人一般只做上午半天的活，下午休息，或者打麻将互相赚点小钱。爷爷对他们很平等，不苛刻，他们对爷爷也很忠心，即便是春节都不回家，一做就是十几年。

观音岩里的佣人，除了一个西餐厨师工资比较高外，其他人一般都是 3 块银元。那个西餐厨师总是对一个模样清秀的女佣说些下流话。二伯记得那个女佣不会生气，只是笑笑就算了。有一次二伯看见那个女佣探头探脑地从西餐厨师房间出来，正撞见二伯，但她不害怕，知道二伯不会告状，因

上图　观音岩全景图，大伯李汉辅画于 2004 年。

下图　观音岩全景图，二伯李庆梁画的与大伯李汉辅画的基本一致。

为二伯与佣人的关系一向很好，他经常帮佣人们写家信。刚开始时，他们说一句二伯写一句，后来二伯发现他们都是文盲，说一句得想很久，并且还说得驴唇不对马嘴，聪明的二伯就干脆先打个草稿念给他们听，然后再最终定稿，双方合作很愉快。有时二伯会去女佣房间跟着他们一起做家务，那时他还是个 10 岁的小男孩，女佣之间的谈话很多都不避讳他，有的年长女佣跟年轻女佣回忆自己新婚之夜的隐私小事，二伯听得一头雾水，但他记得年轻女佣却听得很兴奋。

那个院子是带花园的，孩子们的活动空间很大，爷爷从成都买回弓箭给“四大金刚”玩，他们在花园里从一个客厅射到另一个客厅。箭头有两种，一种是带哨子的，像《水浒传》里响马贼用的那种；另一种是铁的，爷爷收了起来，不让他们玩，觉得太危险了。

那里的房间大屋顶高，“四大金刚”住一间，4 张床、4 个书桌、1 块黑板。后来黑板移到客厅，家庭教师在那里给“四大金刚”补习。爷爷一直不断地给儿子们找家庭教师，跟现在的家长差不多，很怕孩子输在起跑线上。大伯那时已经上小学，每天有人接送，下雨的话还能坐轿子上学。上学的路上有个救济穷人的“万化药祠”，药祠里的老中医是满清时的秀才，他不但施舍药材，还给没钱买棺材的人送棺材，而且还在药店里教孩子学语文。重庆警备司令部科长朱成皋将他介绍给了爷爷，因为爷爷看到他儿子朱勤智（大伯巴蜀小学的同学）写的作文：“呜呼！国家不幸，数千年礼仪之邦，竟于一旦遭于兵祸……”很是欣赏，就叫“四大金刚”也去学。

爷爷还为“四大金刚”请了一个类似幼儿园阿姨的女佣，叫赵崇碧。她只管打扫“四大金刚”的房间，且她的房间就在隔壁，给四个小男孩洗衣服，早上喊四人起床，有时来不及她会帮着小孩穿衣服（爷爷规定“四大金刚”的衣服得自己穿），边穿边给小男生讲睡懒觉的坏处。因为二伯成绩好，赵每次进屋都是先给他穿，所以二伯很喜欢她。

二伯记得她气质很文雅，像个女学生，不干活时就看书，从不与其他佣人聊天。她原本是爷爷好友石炳南（曾任贵州陆军管带）的丫鬟，从小跟着石太太（华西大学毕业），所以跟石太太学过读书写字。等她长到 17 岁时，石太太怕丈夫对她起意，就将她送到爷爷家，希望爷爷寻找机会为她的将来做些安排，所以就先让她照顾“四大金刚”。大约在爷爷家做了两三年，爷爷帮她找了当时国内很著名、很现代化的大明纺织公司去做女工。

招聘四个孩子的家庭教师时，爷爷从来不要求看应聘者的学历证书，所以第一个广东女教师虽然很高挑、漂亮、时髦，但她整天把自己关在房间里，要么睡懒觉，要么给空军军官男朋友写信。临近上课，“四大金刚”总得探头探脑、小心翼翼地敲门请她，因为她的男朋友经常来找她，四个小孩也不便去打扰，即使到了上课时间。爷爷为此很不高兴，但奶奶劝他算了，不要过多追究。

第二个女教师是江苏人，黑黑瘦瘦矮矮的，短发别在耳后，总穿着连身背带裤工人装，很喜欢苏联。她自认是进步人士，总给四个小孩讲苏联如何先进，但她不会英语和算术。为了掩盖自己的短处，她就给四个男孩留一大堆作业，没做完就用尺子打手心。其他孩子一打就求饶，唯独二伯不求饶，结果有次手腕被打出了血印子。奶奶看到后让她道歉，她不肯，于是奶奶就把她辞退了。

第三个女教师姓杨，二伯说她高高的、白白的，大眼睛很漂亮。重庆轰炸时，她带着她妈妈、侄子等一家人住进了爷爷家，爷爷没有收任何房租。她侄子是炮兵，大伯很喜欢和他玩。这个杨老师做的时间最长，直到孩子们上初中才离开，她与奶奶的关系也很好。

第四位家庭教师姓王，“四大金刚”对她的印象都很好。她可能出身书香门第，古典文学的底子很厚，能从《古文观

后排左一为家庭女教师之一杨伯玲，左二为四姑，左三为邻居，前排较小者为邻居的孩子，较大者为我奶奶，地点在乡下爷爷的花园里。

止》中挑出很多适合孩子的文章来讲，大家都爱听。而且她给孩子念那些古文时，都是用古音韵朗诵，对打好孩子们的古文基础颇有助益。虽然算术和英文不是她的强项，但孩子们每次进她房间，总能看到她拿着算术或英文课本在备课，她对孩子们也很亲切。大伯说她后来考上了交通大学才离开的，爷爷很是佩服。她离开后，由她的爸爸来给“四大金刚”补课。她爸爸是铁路局的站长（大伯说是那种火车停两分钟就离开的小站站长），于是爷爷另眼看待，每天下午补习后，爷爷几乎都会带着“四大金刚”与这小站站长吃一顿丰富的晚餐，有时还喝白兰地。

还有一个家庭女教师名叫金玲，很美貌，打扮也很时髦，是当时国民政府财政部朱科长的太太。当时的《重庆晚报》报道她与著名剧作家陈白尘有婚外恋，朱科长用手枪把陈打伤了。爷爷家有个女仆认出了她，把她说得很不堪，爷爷就把她给辞退了。大伯觉得非常惋惜，认为她很冤枉。有时爷爷还会找警备司令部的录事（文书）来给“四大金刚”上英文课。有次爷爷得到些从香港运来的花种，都是英文说明，让这个录事看，有包罂粟花种子，爷爷一听不敢种了。其实后来大伯才知道那是虞美人，虽属于罂粟花类，但不结罂粟，观赏性很强。

从联升街搬到观音岩后，距离“永年春”远了，爷爷便经常带着“四大金刚”去一个叫作“竹林小餐”的连锁餐厅吃饭。那里专门卖成都口味的白肉，“四大金刚”很喜欢吃，肉一上来就抢。后来再去，爷爷就买四份，四个孩子一人一份，结果“自己就都省着吃了……”（大伯的话）这种蒜泥白肉也是爷爷的最爱，他吃的时候会喝些绍兴酒。有时不想外出时，他还会叫二伯或其他孩子去他指定的小饭馆里买。不大的小男孩，一手提着酒瓶，一手拿着蒜泥白肉，往返需要一个小时。为此二伯在回忆录里还专门提到过，说那时年龄小，心里有些抱怨：“家里有厨师、有跑街的佣人，为什么非要我在骄阳下跑腿去买？”其实，爷爷这种传统的中国生意人，是拒绝娇惯男孩子的，他连自家的院子都安排“四大金刚”轮流打扫，还亲自示范。

几个叔伯和我爸对爷爷总的印象是很严肃，也很少接触。他一回家就检查孩子们的作业，凡是觉得作业有问题的，尤其毛笔字，他就会拿竹板打手心，有时会打屁股。他让孩子们自己搬来板凳趴上挨竹板，有时懒得自己动手，让其中一个儿子代劳。而如果毛笔字写得好，爷爷就给画一个红圈，一个红圈就意味着吃饭时给一块肉，没有红圈吃饭时就不给肉吃。爷爷的毛笔字写得很好，所以在他的严格管教下，几个儿子的毛笔字都写得不错。

当然，爷爷的严父形象也不总是那么维持着。二伯记得在夏季的傍晚，爷爷监督着儿子扫完院子后，让佣人打开院子顶上遮挡阳光用的竹席，然后坐在藤椅里，旁边放一壶沱茶，凉风阵阵吹来，他会显得很悠闲自在，也会有难得的笑容。“四大金刚”会趁机提一些小要求，比如他们喜欢看武侠小说，希望父亲给买剑，爷爷问为什么要买剑，“四大金刚”回答：“为了发扬尚武精神。”爷爷听了说：“我不喜欢上午精神，我喜欢下午精神。”买剑的事作罢，可能看出儿子们的失望表情，那天爷爷承诺以后每天给他们讲一段关于他自己的故事，“四大金刚”非常高兴。

后来爷爷讲了一件事，就是他带着部队在某地时，有个士兵逃跑被抓，部下没向他报告就把那人给枪毙了，看到原本一个活生生的人一下就变成血淋淋的尸体，爷爷很难过。转天，当孩子们再让他讲故事时，他已经毫无兴趣了。

爷爷曾经历过一件趣事，他从四川弁目队（军官学校）肄业后，奉命带着部队驻扎在西康（四川和西藏的交界处）。当地的土司与他的关系很好。由于那土司妻妾成群，且都是千里挑一的女人，皮肤很白，人很漂亮。有天土司对他说：“你在这里驻扎很寂寞，我的这些女人你任意从里面挑一两个来陪你吧。”爷爷这个汉族人哪里敢如此选人家老婆睡觉，坚决地拒绝了。土司见他不要美女，就带他去看自己的财宝箱，爷爷这辈子从来没见过那么大的财宝箱，豪爽的土司让他随便拿，爷爷说他象征性地拿了一两件。过了一段时间，爷爷打算回重庆了，这个土司居然送了爷爷不少金子，爷爷想到拿这些金子能做些买卖，就收下了。结果由于回程没有勤务兵跟随，路过一片树林时，他被土匪打劫了，东西都被抢走了，人还被吊在了树上。好在劫匪没伤害他，后来他不断呼救才被路人救下跑回家去。他的过去在孩子们心中好似一个谜。

从大伯绘制的观音岩平面图可以看到，爷爷在观音岩后面修了防空洞以躲避日本飞机的轰炸。这个防空洞很大，可以让他们一家人及靠街租爷爷铺面的三家佃户用，能容纳约60—70人。后来大明纺织公司看上观音岩的地段，就跟爷爷商量，租下了二楼，租金很贵，每年2000银元。

这个洞有两个洞口，一个是从平地打进去的；另一个比

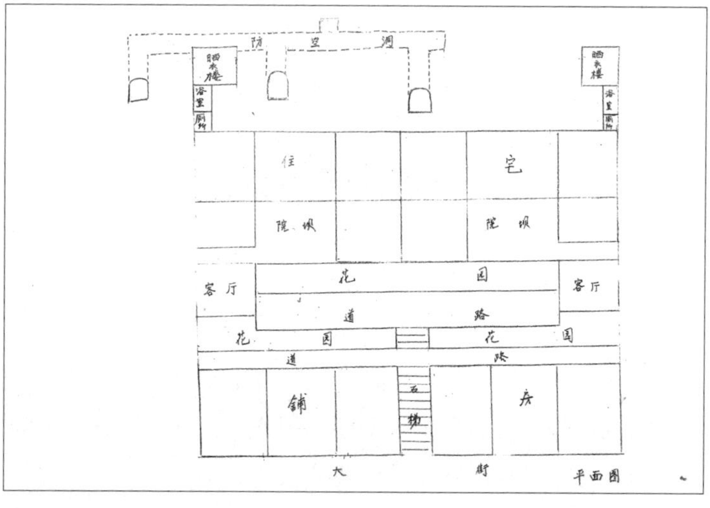

观音岩平面图，大伯李汉辅画于2004年。

较高，进洞后要下一层楼高的石头台阶，这也正好形成一个通风口，在空袭时间时，待在下面很长时间也不会感到闷。隔壁院子的邻居也打了一个防空洞，与爷爷家的相连。这个洞是岩石洞，不漏水也不潮湿，中间最宽的地方放了两张双层的床，可以让小孩子睡觉。观音岩有间房子正对着防空洞，夏天可以享受到天然的冷气，所以天热时爷爷总是在那里躺在凉席上乘凉。

大伯记得轰炸时，在洞里能听到外面的炸弹爆炸声，还有拦截飞机时空战的机枪声，大明纺织公司的职员就用两只手朝天“突突突”地模仿空战。但实际的爆炸声很恐怖，落在防空洞附近的炸弹引起的气浪，能把洞内的油灯吹灭。那时中国没有空军，高射炮连一架日本飞机都打不下来，后来来了苏联志愿空军及美国志愿空军，听说苏联的还有女飞行员。有一天，二伯在院子里玩，突然听到一声巨响，抬头一看，见到一架飞机冒着烟往下掉，另一架腾飞而去。第二天报纸上说是苏联空军打下了一架日本侦察机。

住在观音岩时，爷爷每年都会在乡下的孟园里养两三头猪，猪粪可用作花园的肥料，过年时便杀猪做腊肉、香肠。有一天，孟园的花匠进城来见爷爷，说腊肉全部被偷光了，这意味着爷爷一家那年春节没有自己做的腊肉吃了。爷爷听了脸色很难看，花匠也是一副有苦难言的表情，最终爷爷也没说什么，事情就到此为止了。“四大金刚”倒是很高兴，因为每年做的腊肉、香肠往往能吃到夏天，都吃腻了。

抗战时期，观音岩对面是重庆国民政府卫戍司令部，立法院在其楼上。那时大伯的英语女教师是黄绍湘[8]，她父亲那时在立法院工作，是立法委员，所以黄老师经常让大伯周末回观音岩家时帮她带信给她爸爸，以节省邮费。大伯进立法院时发现门口有卫兵，进到楼道里还有卫兵，心里有些害怕，但那些士兵都很有礼貌，还给大伯指路。

那时中小学读的书不是统一指定教材，而是由中正书局、

8 黄绍湘在新中国成立后成为国内美国历史研究的奠基人，毕业于清华大学，出身书香门第，《光明日报》2014 年 6 月 6 日曾以《世纪老人黄绍湘》为题做过专门报道。

开明书局、中华书局、商务印书馆四大书局竞争。大伯说，到了初中国文课本里的文言文就比较多了，内容选得好，孩子们有兴趣，老师不要求会背，但他很多至今会背。他还说那会升学时，语文课就是考一篇作文，初中、高中、大学都是这样。

观音岩最终被日本飞机轰炸后，被重庆国民政府再次因公修路而拆掉了。

03 陈宝琛大骂郑孝胥，李老祖拒做宣统官

当外公、爷爷在四川分别忙于峨眉山培训、重庆生意等诸多事情时，李廷玉老祖却比较悠闲。1937 年“七七事变”后，时局混乱，他在家“高卧东山”，开始著书立说。多年来李一直关注农业方面的学术成就、积累资料，这期间他编写了《农书》上、中、下三册。其中上册的内容是“专述历代农业之得失，以期唤醒多人，共谋生计”。

李老祖虽然闲赋在家，但还是时有“江湖”人士叨扰，希望能请他帮助做一些事。

第一个来找他的是被称作“末代帝师”的陈宝琛。大约是 1938 年，陈当面和李说：“前宣统皇帝电召即赴新京。觐见时，皇帝谕曰：‘郑孝胥背叛朝廷，万难宽宥，拟免其国务总理（伪满总理大臣），以师傅继任。’当即奏称：‘老臣以身许国，皇上有何谕旨，即应遵行。惟郑孝胥既敢违背皇上，是为忘恩负义，一切犯上作乱，当然任意施行。皇上如逼之太严，恐于圣躬不利，老臣所见如此，不敢不言。’皇上默然良久曰：‘所论不差，稍迟从长再忆议。’又曰：‘此间人才太乏，望举干济之才，以为股肱。’奏称：‘自当遵旨办理。愚意拟将贤契登诸荐牍，未知意见如何？’”李廷玉听了很快回答说：“皇上为郑所愚，走上迷途，任何人无法挽救。廷玉若冒然前往，许以驰驱，必遭郑嫉，迨至

廷玉进退维谷，日处荆棘之中，既负老师知人之明，又负皇上为国择人之志，即肯行捐躯报国，究于皇上丝毫无补，似不如苟全性命为之得计也，老师以为然否？”陈宝琛曰：“所见尚是。”

第二个来找他的人是宋荣圃，此人在1920年参与李廷玉组织的“打曹会”（即声讨时任直隶省长曹锐贪赃枉法），所以二人关系不错。此次宋先生来家里探望，是带着曾担任过天津县长的张仁乐的口信来的。宋说：“顷者张仁乐云，李实公（指李廷玉，字实忱）为吾乡前辈，居官廉正，两袖清风，家口殷繁，生计难窘，屡思救济，而其道莫由。近以本身职务太多，时虞负餗，若以行政推荐，逆料决不肯来，因思海员公会会长一席，不官不职每月可有七千元之收入，拟将会长名义，让归实公担任，并声明关于外交由余（我）代办，勿庸实公出首，果肯屈就，则此老家计解决，并可表明关顾父执之心，望荣圃前往征求意见，未知公意如何？”李廷玉此时确实负担很重，家里有两个老婆，子女、孙子女众多，但他为了不沾惹上“日伪”势力，还是拒绝说：“鄙人年老多病，烦剧弗胜，兼以耿直性成，不能应付时局，若食人之禄，而不忧人之事，向以为耻，只请代为婉谢可也。”

这个时期李廷玉一家都拒绝与日本人合作，李廷玉的儿子李邦翰为留学德国归来的博士，日本人找他去做教育局局长，他不去又不胜日本人骚扰，遂只好躲在外面不敢回家。李邦翰家里好几年没有收入，连口粮都靠李廷玉接济。

上图　妈妈画的《采菊东篱下》，与李老祖在这一节里想展现给外界的状态颇为一致。

下图　李廷玉之子李邦翰与儿媳林世棠在民国时的结婚照片。

时空大地毯上的回望

在这段时空里，妈妈家、爸爸家、李老祖家，快乐着各自的快乐，悲伤着各自的悲伤，大家不知彼此的存在，但爷爷和外公都在刘湘手下谋生，为刘湘做事。如果加上北方的李廷玉，三家人此时的共同焦点是日本：南方重庆的爷爷一家在挨着日本飞机的轰炸；成都的外公随着刘湘出川抗日，外公一家的命运也将发生巨大变化；北方的李廷玉一家在想办法避开与日本人的合作。冥冥之中，三家互不相识，但却一直被一根看不见的“线”隐隐地牵着。

杨天波绘画作品·自创唐诗画·2

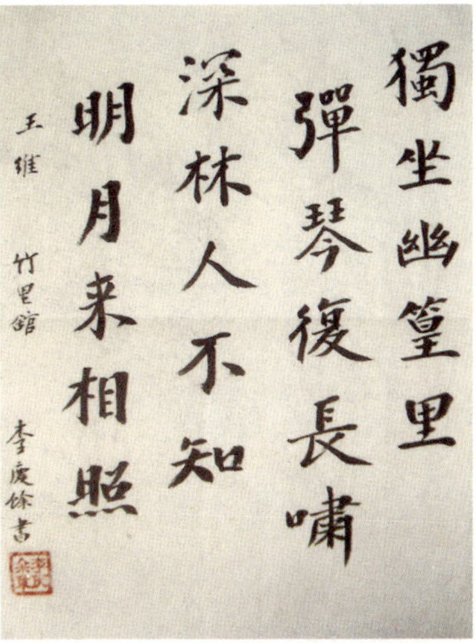

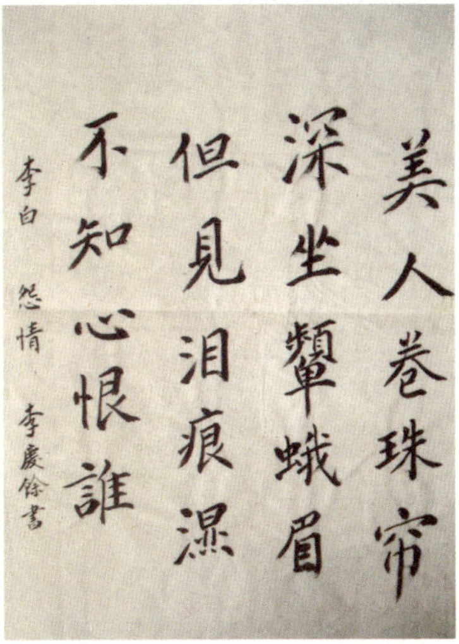

日出扶桑一丈高
人间萬事細如毛
野夫怒見不平处
磨損胸中万古刀
刘叉詩偶书
天波75岁画

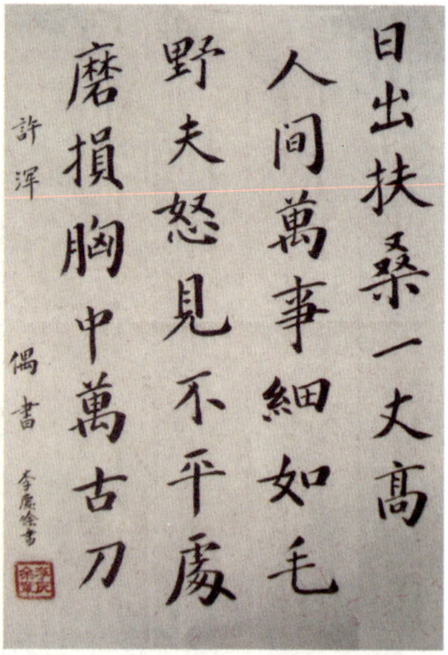
日出扶桑一丈高
人间萬事細如毛
野夫怒見不平處
磨損胸中萬古刀
許渾
偶書
李慶餘書

国破山河在
城春草木深
感時花濺淚
恨別鳥惊心
烽火連三月
家书抵万金
白头搔更短
渾欲不勝簪
杜甫詩"春望"
天波76岁画

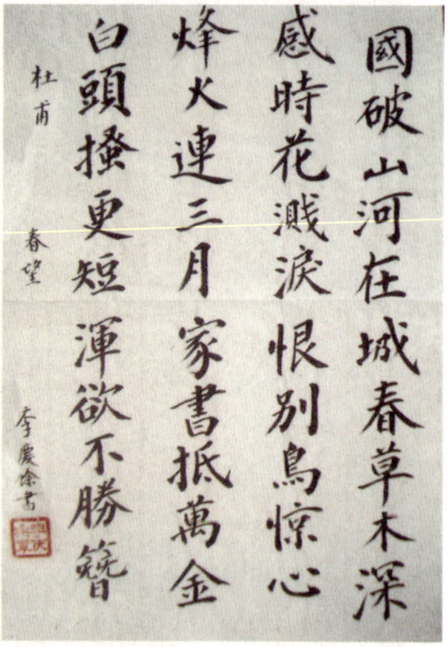
國破山河在
城春草木深
感時花濺淚
恨別鳥惊心
烽火連三月
家書抵萬金
白頭搔更短
渾欲不勝簪
杜甫
春望
李慶餘書

賀知章詩咏柳
碧玉裝成一树高
万條垂下綠丝縧
不知细叶誰裁出
二月春風似剪刀
天波75岁画

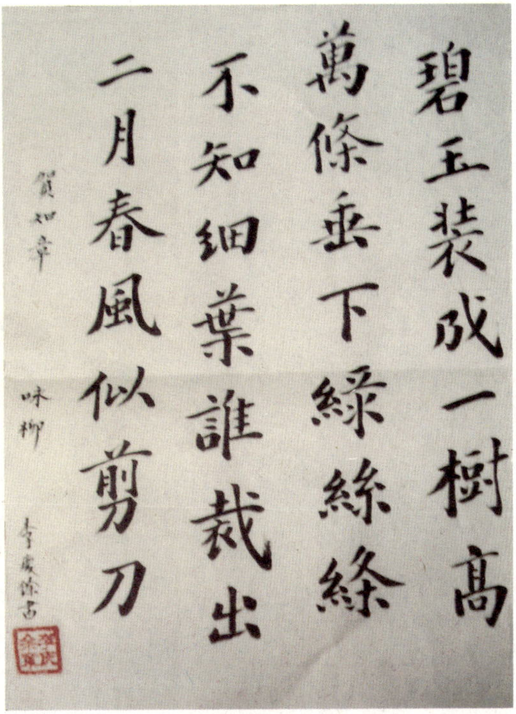
碧玉装成一樹高
萬條垂下綠絲絛
不知細葉誰裁出
二月春風似剪刀
賀知章
咏柳

第六章

《风景》，杨天波画。

01 出川报国刘湘病死，愈抓外公王缵绪罢

1937年春，保甲干部培训班结束，外公的“宝塔式拥护法”也就暂时告一段落。由于刘湘出川抗日，他的秘书长邓汉祥为巩固好刘的大后方，与之约定在省内18个区派驻18个视察员，主要任务就是加强各县壮丁的组织训练、团结基层人员、促进新县政建设、安抚人民 、争取人民的拥护、防止被挖墙脚，暗中与蒋介石抗衡。外公被选为第四区视察员，那里是四川省第四专区公署所在地眉山，他要努力做的就是训练壮丁、团结县乡基层人员、宣传拥护刘湘。

不久刘湘在武汉病逝，邓汉祥代理四川省长，此时蒋介石想让四川人张群任省长，但遭到抵制。邓汉祥让各县长、区长联名写信、发电报给蒋介石，表示拥护邓做省主席，且能保证川军将领都拥护蒋介石，不出乱子，一切服从“中央”。此时的邓汉祥远没有了当年拒绝蒋的傲慢，但后来蒋介石还是没选邓汉祥，而是让刘湘旧部王缵绪担任了四川省长。

王缵绪任省长后，为了向蒋介石表示忠心，宣布18个视察员是非法的，认为他们当年的工作就是给壮丁灌输“拥刘反蒋”的思想，应当撤销，不再任用，并且要追究这18个人的责任。为了保护这18个人，邓汉祥把外公和聂泗介绍给了刘文辉，其余的人都介绍给刘湘在川的部队当秘书去了。这样一来，王缵绪就不好追究了。

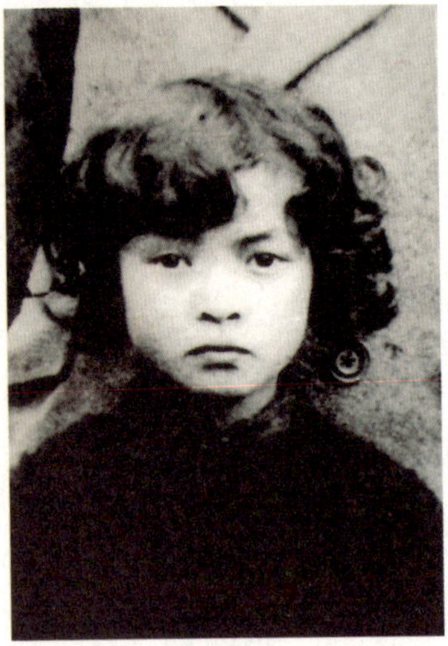

左图　抗战初期妈妈的照片。
右图　妈妈根据照片画的自画像。

王缵绪是爷爷在四川弁目军校的同学，他擅长书法，热爱教育事业，慷慨资助创办了四川巴蜀小学、巴蜀中学，这两所学校至今都是重庆的名牌学校，我父亲和几个叔伯都是巴蜀小学和巴蜀中学的校友。当初创办这所学校时，王缵绪共捐了 20 万元。这所学校被外人称作贵族学校，但其实王缵绪在这所学校是赚不到钱的，只是学生的背景很“贵族”。那时是重庆国民政府的陪都，所以大人物的孩子全在这所学校里，比如学生家长中有名的有何应钦、杨森、王缵绪、郭勋祺、范绍曾、徐悲鸿、史东山、陈铭德、康心如等。

这个时期的妈妈还是个小姑娘，比较不拘小节。当年家里总是有外公相熟的几个秘书或同事来谈工作，妈妈与他们也就混熟了。有一天，妈妈放学回家，看到一个平时经常来的叔叔坐在那里低头看报纸。于是妈妈把手里的书卷成个筒子，脚蹬小皮鞋稳稳当当地走过去，照着那叔叔的脑袋敲了下去。结果那叔叔一抬头，妈妈傻眼了，才知道是个陌生人。

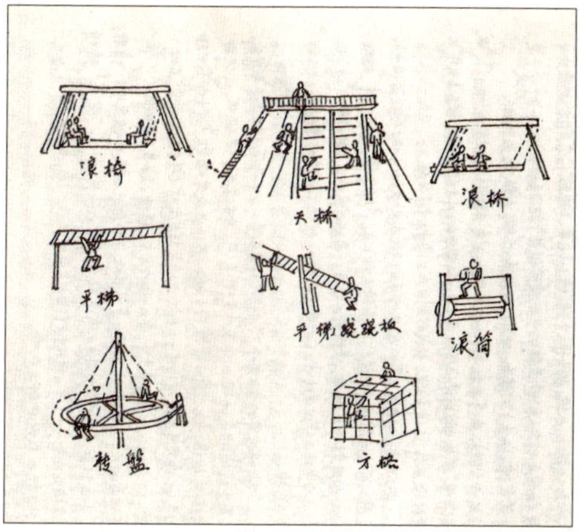

王缵绪创办的巴蜀小学内的体育设施和走廊，大伯李汉辅画于2004年家信中。

02 爷爷长亭茶馆景妙，田汉曹禺老舍流连

爷爷最得意、最有意思、最有品味的生意是位于重庆市中央公园（现名人民公园）内的长亭茶馆。1938年，茶馆即将被转卖，一方面因为时任市长李宏锟（爷爷弁目队军官学校的同学）想借茶馆此前并无租期协定而把爷爷挤走，独揽盈利空间；另一方面因为此时日本飞机轰炸得厉害，爷爷已无心经营下去。但这个茶馆给太多人留下了难以忘怀的记忆。历经几十年后，《重庆晚报》多次有作家写文章怀念这个古色古香、韵味无穷的茶馆。

作家曾宪国（曾任《重庆日报》专刊部主任）写道：“我喝茶爱去的地方就是长亭茶馆茶园……”抗战初期，郭沫若经常来此品茗会友。

作家何蜀（曾任《红岩春秋》杂志副主编、文革研究电子刊物《记忆》杂志主编）写道：“老重庆人都知道长亭茶馆。这个茶馆自重庆城中第一个公园——中央公园开放之初，便已出现……北边堡坎上方，历来是军事机关驻地。清末为绿营兵左营游击署，民国为21军军部，后为重庆警备司令

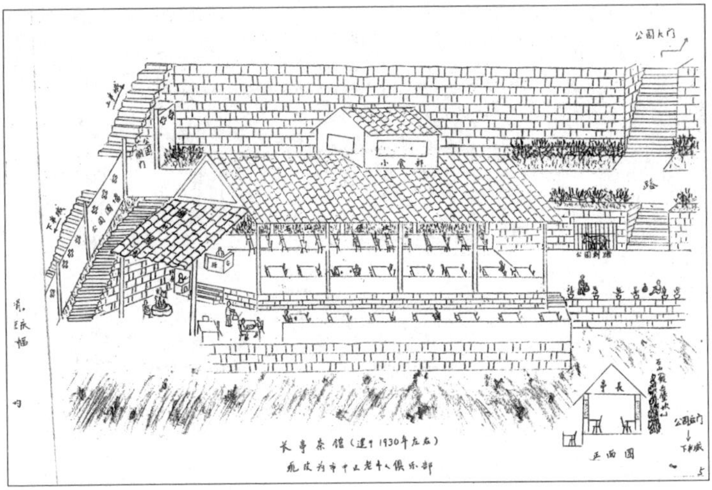

大伯李汉辅绘制的长亭茶馆全景图。

部……很少有人知道，在长亭茶馆门前北边的那一壁堡坎处，曾发生过一起被国民党军阀逮捕的中共领导干部[9]越狱脱险的事件……”

2012年4月26日《重庆商报》刊载记者肖腾的文章——《最知名老茶馆等待重生》。文章描述：“重庆老茶馆中最出名的，应当数位于渝中区人民公园的‘长亭茶馆’，这是重庆从新中国成立前一直保存至今的极少数茶馆之一……抗战爆发后，重庆成为陪都，当时的重庆文化界、新闻界人士，都喜欢到这里来喝茶、聚会，郭沫若、老舍、曹禺等名人也都曾在这里留下足迹。

据家人介绍，长亭茶馆建在半山上，为木结构的中国亭子式样建筑。除了操作台，三面都是敞开的，面临翠绿的山峰和长江风景，有几根木桩支撑着典雅的中式房顶。茶馆里的桌椅都是纯中式的，有很多客人都提着鸟笼来，所以茶馆里一直有画眉、黄莺的美妙叫声，还有鹦鹉，一见到有人进来，就学伙计用四川口音喊道：“客来了！冲水！泡茶！”那里的小吃非常地道，牛肉干、素条面、担担面、红油抄手、

9 指电影《决战之后》主人公文强的原型文强。文章指出文强借机逃走后找到成都的党组织汇报，但成都的人说他是叛徒要处分他。这导致文强重回国民党阵营，在淮海战役中他的官衔为中将，被俘后成为国民党“高级战犯”，后被平反。

妈妈临李可染《雨过山更青》。想来位于半山上的长亭茶馆，雨后也是这番景致吧，它也俯视着长江。

卤菜、酒等，都是爷爷从成都聘来的厨师做的，其中有一样是二伯到了 80 多岁还念念不忘的，那就是扬州蒸饺，有肉馅的和黑芝麻馅的。

这个茶馆对待客人很平等，钱多钱少都能进去坐一下午，没钱的进去叫一杯白开水也行，跑堂的会朝厨房方向喊："玻璃一位！"意思就是白开水一杯。大伯对长亭的深刻记忆有：可鸟瞰长江中的英国军舰；正宗的云南沱茶、桑尖、蔷薇、杭菊、茉莉等；一位长亭顾客，30 多岁，每天在那里喝茶，总是坐第二张桌子，靠墙放着他的两个竹桃箱子，里面全是书，有时喝一会茶就向堡坎下一层的长亭茶客讲演……"无人听，也无人笑。"大伯这样说。

就是这样一个茶馆，在 1938 年日本飞机轰炸最厉害时，爷爷把它转卖了。

03 商人高桥止义出面，李老祖婉拒汪精卫

1938 年左右，日本打算另外扶持起一个政府与蒋介石的重庆政府分庭抗礼，一开始的目标人选是天津愚公、原民国政府大总统徐世昌。同为寓公的原民国政府国务总理靳云鹏多次去徐府劝他就任，但徐以病重为由拒绝了。靳随即打算自己当总统，但日本人觉得他份量不够。此时另一位寓公、原大总统曹锟觉得可以试试，遂让他的儿子出面运作，日方勉强同意了，但曹锟的小老婆"九岁红"得知后坚决反对，把所有来家里接洽此事的人都阻挡在一楼，并且不让曹锟下楼，结果曹锟也没当成这个总统。

后来吴佩孚的某个下属觉得吴应出面担当此责，就在私下拉拢吴。原本日本人知道吴佩孚是不可能答应的，所以一直没有强求，但既然吴的下属出面运作，日本人觉得吴大帅可能是有意出任的，遂派人开始百般奔走。据说给了吴佩孚老婆和儿子不少钱，但日本人觉得只要吴佩孚愿意，花再多

也值。这个过程所费时间不短，吴一直没明确拒绝，日本人就以为他认可了，于是通过 1938 年 9 月 28 日的《泰晤士报》及北京路透社报道说吴佩孚愿意出任总统，前总理靳云鹏辅佐，《庸报》甚至说吴大帅已经签字画押。但很快路透社发布电文说吴佩孚坚决否认，紧接着《泰晤士报》说吴大帅变卦不愿出任。

此时李廷玉正在家撰写《农书》下编。一天，他的多年老友、日本商人高桥止义来家里拜访。其间谈到吴佩孚食言的事，他说："……后以吴佩孚为相当人物，于是拉拢吴之部下，有蒋雁行、刘永谦、靳云鹏、龚心湛、张方言从中关说，进办数月，花到四百七十余万国币，即吴之夫人及子，亦皆得贿甚多……始有吴在北京出任联合政府大总统之决定。讵意出席拍照，尽反前言，且云此等举动，一概不知，任何人不能强我负此责任，而又怒气填膺，不顾一切，拂衣而去，当场人为之愕然。因此众议纷云，仍谋挽救。众知我与阁下深交，促我劝公说吴，俾得难关打破，万勿推却。"李廷玉听罢，说："阁下知余（我）最深，凡可为者，向不推却。今既知其不可，请勿强以所难。"高桥止义听闻后，长叹一声而去。吴佩孚在此事后不久，于 1939 年 12 月 4 日突然因小小的牙病、感冒及曹锟庸医的一付汤药而毙命（还有一种说法是日本人给他看牙时杀死了他）。后来就才有了日本人与汪精卫的合作，在南京组建了所谓"国民政府"（1940 年）。

某日李廷玉的旧友杨嫔楼"来道契阔"（李廷玉回忆录里的原话，有叙谈生死、艰辛的意思），聊到最后，杨说："承汪（精卫）不弃，已就一职。汪先生知公（李廷玉）为北洋耆宿（北洋重要将领），又知余与公至交，立促北来劝驾，藉得共谋国事。"李廷玉沉吟稍许回答道："自事变以来，心绪不佳，颇有厌世思想，就能力论，少壮本不如人，今老矣，虽有爱国之心，而才调不足以济之。况迩来病魔作祟，精神益不如前，敢请对汪先生婉言谢之……"

时空大地毯上的回望

时空里的这三位祖辈的人生路径到此时依然是交错的，爷爷和外公在这个阶段都与刘湘有瓜葛：外公受刘湘的亲信邓汉祥的直接领导，做巩固地方、防止蒋介石挖墙脚的工作，担任过区长、政治指导员、省观察员、省府秘书等职务；爷爷这时在重庆警备司令部，任刘湘另一亲信警备司令李根固的参谋，另外做些生意。而李廷玉与四川这二位未来的远亲,在当时日本侵华的大环境里有了交集:爷爷房产多处被日本人炸毁；外公因刘湘的出川抗日病故而即将面对人生的重要转折；李老祖还是不断地与日方派来的人周旋，防止自己被日本人利用，且开始考虑与重庆国民政府合作，转而做地下抗日工作了。

杨天波绘画作品・自创唐诗画・3

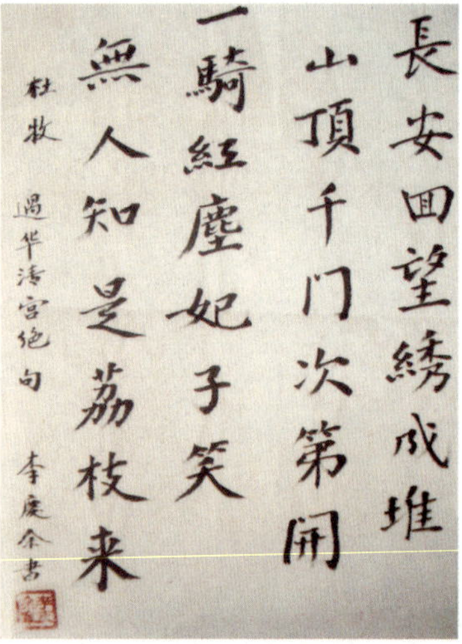

李白望庐山瀑布
日照香炉生紫烟
遥看瀑布挂前川
飞流直下三千尺
疑是银河落九天

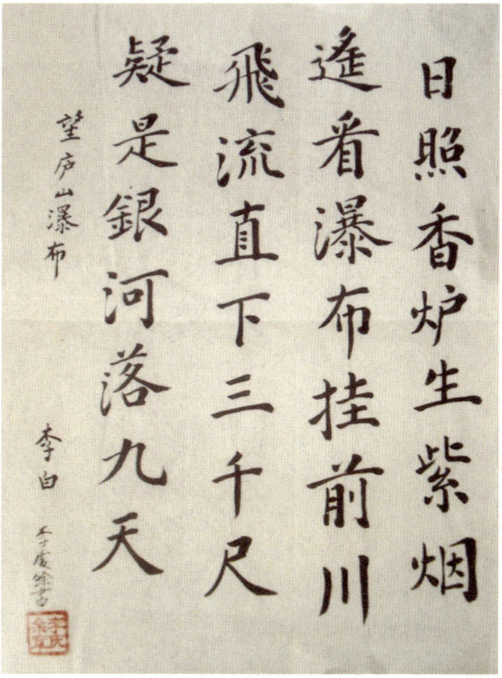
日照香炉生紫烟
遥看瀑布挂前川
飞流直下三千尺
疑是银河落九天
望庐山瀑布
李白

第七章

01 “宝塔拥护法”外公创，“这个法好！”刘文辉赞

从 1938 年秋起，外公开始了他在西康省的十年生活。彼时因刘湘去世后，刘的亲信邓汉祥失势，作为邓的直接下属，外公也就面临着命运的重大改变——即上文说到的，外公在邓汉祥的推荐下，转投“二刘之战”后退守西康的刘文辉。此时刘文辉正是需要人才的时候，所以他对外公很是欢迎。外公刚到即被任命为西康建省委员会秘书，协助时任保安处长王靖宇展开工作。刘文辉跟外公说，希望他把在刘湘处的做法详细地介绍给西康，外公表示愿意竭力效劳。那时西康省管辖的范围大概是今四川甘孜藏族自治州、凉山彝族自治州、攀枝花市、雅安市和西藏的昌都、林芝地区，大部属藏文化中的康巴地区，多数居民为藏族同胞。

外公对刘文辉的印象是很能接受新事物，很愿意尝试，头脑灵活。对于外公的荐贤举能和好建议，虽然他起初都不置可否，但过一段时间，就会看到他的实际行动。外公到西康后建议刘文辉一定要重视教育，这一点很合刘文辉的意思。在他主政西康期间，曾非常强力地发展教育，以至于县长们在他的影响下也很重视这方面工作。

比如巴安县县长赵国泰在做着县长的繁杂工作时，还兼任小学国语教师，以解决师资不足的问题。还有德格县县长范昌元，他没有固定的办公室，临时办公地点通常在某小学

对页图　临桑多夫《玛利亚姆的胸（黑人妇）》，杨天波画。

校里。他随身带着小旗子，走到哪儿坐下来插上旗子就办公，在哪儿办公哪里就是县政府，就地、就近为民众解决问题。他常年保持着这样的习惯。

1939 年，刘文辉到国立康定师范专科学校参观时，曾对学生们说："你们这些学生，很有希望，很有前途，我们国家很需要你们，你们是我们国家的后起之秀。特别是我们这个康定、康巴地区文化素质比较低，希望你们好好学习，把文化程度提高，把知识水平提高，将来为这个康巴做点贡献。"

外公于 1938 年到西康省后，先是在国民军训处工作。这个机构是蒋介石下令办的，主要是征集、训练学生和壮丁，用来与日本人和中共军队作战。刘文辉和四川其他军头就利用这个机会赶紧壮大自己的军队，老蒋后来发现这是个问题，又下令取消了。不久，蒋介石又提出搞"保甲军训合一干部训练"（省训练团、县训练所），以扩充兵员。结果四川各个军头又兴高采烈地大搞起来，他们拒绝老蒋派人插手军训，都是用自己人。这也是刘文辉看重外公的地方，毕竟外公曾在刘湘麾下做过多年，积累了大量的经验。前边提过外公在刘湘手下搞军训时发明了"宝塔式拥护法"，所以这一类工作刘文辉总是交给外公负责（训练和组织）。

妈妈和外婆，拍摄于 1940 年前。

1938 年夏，西康省保训合一干部训练所在雅安汉源县九襄镇开办。这个训练所属省级，旗下还有县级的保训所，调来受训的学员都是乡镇长和少数民族的土司、头人。这个省级训练所，刘文辉为所长，保安处王靖宇为副所长，外公为秘书室主任兼办政训工作。训练课程包括刘文辉每周 4—6 小时的"精神讲话"，以及规定必讲的各项政策法令，落实"三民主义"，讲"德化""进化""同化""三族一体党政军"（三族指汉、藏、彝，刘文辉接受了外公的建议，不搞"同化"）等政策。讲课的军官凡是蒋介石派来的，都给个闲职不重用，而刘文辉从自己军队省政府中选军官或干部当教员。

这些教员会认真贯彻刘文辉的这一精神："拥护刘主席彻底建设新西康！""层层拥护'中央'实行三民主义！"这里的"层层拥护"，实际就是外公为刘湘、刘文辉量身定做的"宝塔式拥护法"，刘下属都拥护刘，刘再拥护蒋介石。

这个阶段刘文辉共培训了两期学员，每期约 600 人，共培养学员 1200 余人。这些人毕业后都做回原职工作（来时没工作的人毕业后省里也会给安排职位），他们都带着"拥护刘文辉建设新西康"的呼声回去，这也就抑制了蒋介石想以自己的亲信取代刘文辉的打算。这期间，有个事情很惊险，需要说一下：外公介绍了两个人进培训所，一位安排做教官，名叫宋立人；一位是学员，名叫郝映刚。当时外公选中他们俩，是认为他们思想进步。没多久，国民政府的特务人员跟外公说他俩是共产党，要逮捕。外公说要他们离开就是了，刘文辉也同意这样做，还给了他俩路费。

外公一直说刘文辉是个头脑灵活、心胸开阔的人，他在国民政府左右两派里都有比较亲密的朋友，例如黄埔军校后补执行委员、黄埔系的地下中共党员李永光（曾），青年党杨叔明。刘文辉与这二人关系很密切，后来的西康起义，杨叔明在其中起了很大的作用。

接下来的十年里，刘文辉接受外公的建议，把这两期接受过西康保训所训练的人员都拢起来，成立了学友会和联络站。

此时，外婆随外公一起生活在西康。外婆曾在路边捡回一个可怜的流浪小女孩，是藏族人，语言不通，后来她独自外出就一直没再回来。

02 赵侗将军住爷爷店，大伯见过他没警卫

1938 年，爷爷卖掉了长亭茶馆，开始专注于他在重庆经营的其春（浴室、洗衣店、西餐馆）和新建的模范市场、

新昌宾馆。

其春浴室的建立缘于那个年代一般家庭都没有浴室，尤其冬天洗澡更是不方便。由于爷爷在上海工作过一段时间，见到那里的浴室很好，早就萌生了在家乡开一家的打算。这家浴室一开张，就引起了轰动，生意很好。

该浴室是两楼一底，三楼与街齐平，是洗衣店及一排男浴室，那里是半截墙，有利于从上面采光；二楼有两套女浴室，每套有洗澡间及休息室；底层为家庭间，有一大间休息室和两个洗澡间，也是半截墙，便于采光。浴盆都是在上海订购的。那时收费是按照小时计算，家庭间适合孩子较小的小家庭，女浴室也可以让妈妈带着小孩子进入。这个生意后来因爷爷被派往成都 21 军某部无人照管而放弃。当时是以 1 万元卖掉的，听说后来的老板经营时，不慎失火给烧了。

模范市场也是爷爷在上海见到后觉得很好，回来后立即着手建立的，是重庆当时首家上海模式的菜市场。这个市场的二楼为面包圈形状，目的是让一楼能从屋顶采光。由于爷爷没经验，摊位费定得太低，没什么利润，只能算为方便周围老百姓做贡献了。

也正是在这个阶段，爷爷与朋友合资创办了昌记建筑公司，爷爷任总经理及总工程师。等盖好命名为“新昌”的房子后，他就租下了昌记公司的这座房子开了新昌宾馆。新昌宾馆位于重庆的两路口，旁边就是重庆去往成都、西安方向的长途汽车站。那时正值抗战时期，重庆是陪都，交通发达，很是繁荣，所以新昌宾馆的生意很好。这是个由两栋楼组成的旅馆，中间建有花园，被爷爷设计得很漂亮。因此，就有照相馆师傅长期租用这个花园，为顾客照结婚照或室外艺术照。

当时的宾馆服务员叫茶房，主要职责之一是每天早上喊客人起床赶长途汽车。茶房多数是男的，也雇有女茶房，专门负责服侍单身女客人，比如早上喊起床、给客人洗衣服。

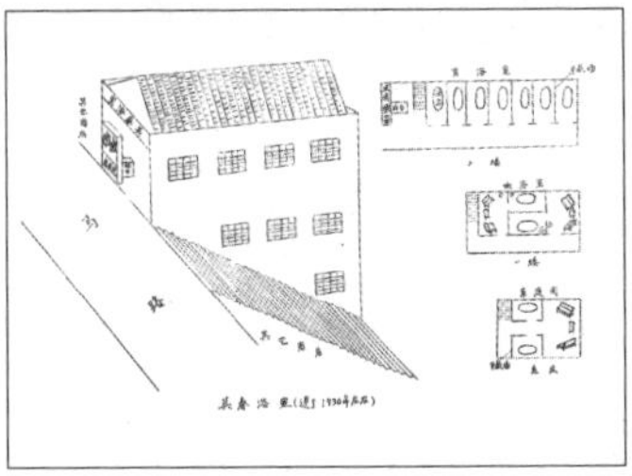

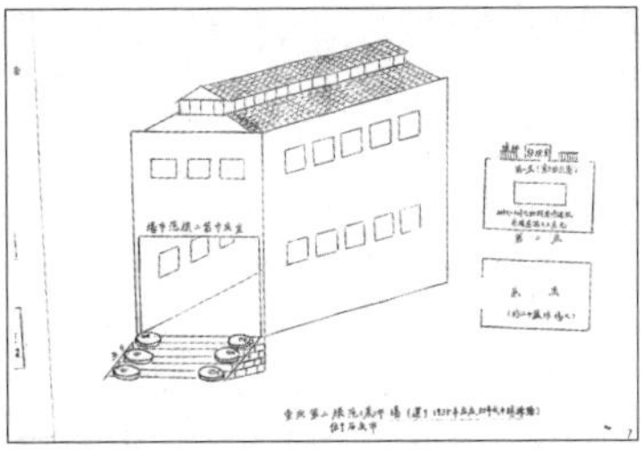

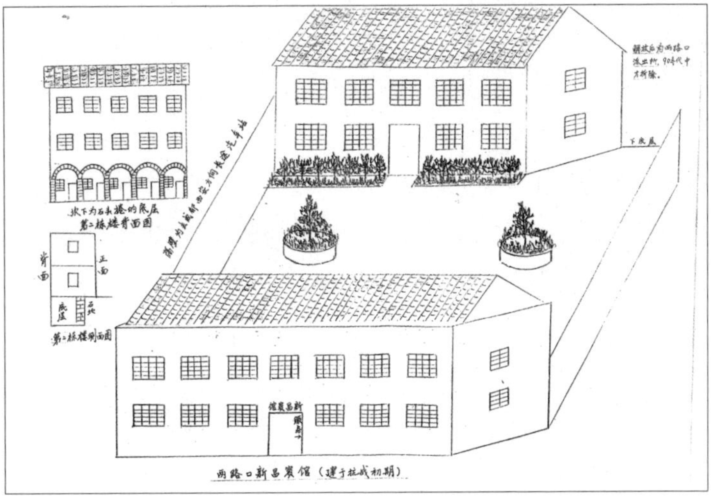

上左　大伯画的其春浴室。
上右　大伯画的模范市场。
下图　大伯画的新昌宾馆。

那时各个旅馆都没有保安人员，但从没听说有盗窃事件。

在新昌宾馆住过的客人中，最让爷爷一家人感到荣耀的“是抗战时期国民党东北游击队总司令赵侗”[10]。“他是个传奇人物，《赵老太太》[11]《赵侗》小人书人人都看过，他30多岁，中等身材，穿人字呢大衣，出入不带警卫”，大伯如是回忆。

1939年初，赵侗奉国民政府之命参加陪都重庆举办的首期将官培训班。也正是这次培训之后，国民政府委任赵侗为晋察冀游击第一总队少将司令，并命军部、政部拨发武器、

10　赵侗，1912年生人，原名赵连秀，又名赵新生，满族，奉天（辽宁）岫岩人。“九·一八”事变后，在家乡辽宁省岫岩县的山村中宣传抗日。1933年赵侗等人宣布成立“少年铁血军”，曾任此学生军总司令。他也是抗日战争中第一个成立敌后政府“辽南政府”的总裁、第一个击落日寇飞机的人、八路军“晋察冀军区五支队”司令……1940年死于战场后被国民政府追认中将军衔。生前写有《东北义勇军》《抗战七年的经验教训》《反内战宣言》等作品，影响很广，蜚声海内外。
11　赵侗之母，双枪老太婆原型。

弹药、服装等军需用品。同时，重庆各界人士举行盛大的欢迎会，并予以“抗日英雄”“民族英雄”“当代岳飞”等称号。正是在这个时间段，赵侗入住了爷爷的新昌宾馆。

再后来，因日军飞机轰炸和国民政府修路规划，新昌宾馆停业。

在爷爷经营新昌宾馆期间，他还是重庆旅栈同业公会的理事长。大伯说，国民政府时期，各个行业都有同业公会，属于群众组织，像银行同业公会、西药公会、旅栈公会、教育公会等。这些组织内的理事长、常务理事都是自由选举出来的，政府不干预，但经费自筹。如中小学的收费标准问题，由教育公会自己定夺；小面多少钱一碗，也由饮食业公会自己定。而会员费的收取，如旅栈公会，除了以旅店为单位收取费用外，该公会还卖统一印刷的旅客登记薄，生意好的就买得多，等于交的会费就多一些，比较公平。一般公会编制很小，经费不困难，做理事长、常务理事长的还有一点车马费。爷爷做了两届理事长，以后一直是常务理事，杨森的妹夫刘清源也做过这个公会的常务理事。

直到抗战初期，爷爷一直在重庆警备司令部任职，是警备司令李根固的副手。那时重庆警备司令部的少将、上校级军官，每个周日都在警备司令部后门对面的餐厅聚会，爷爷经常参加，大家轮流请客，被称为“转转会”。

爷爷记得有次聚餐前，看到少将旅长李致远在警备司令部的院坝里召集下级军官训话。当时已经很冷了，李致远看到士兵们穿着单薄，有的还在衣服里塞稻草。想到抗战时期的军队如此清贫，他不禁大发雷霆。几年后，重庆警备司令部改为重庆卫戍第一分区司令部，迁到涪陵。据说，到那边后李致远生病了，但无钱医治，只能拖着，不久病故。一个将军，就这样死了。美国某将军曾这样评价国民党军队失利的原因：缺乏将才，军人待遇太差，士气低落，每次战败都是由于后勤供给不足所致。

03 李老祖密设办事处，王若僖被抄被拘押

大约在1939年秋，北方的李廷玉与几个国民党在天津组建了“密设党政军联合办事处”（因此时为日本占领期）。第一任主任是王若僖，江苏人，1896年生，毕业于同济大学，曾任平汉铁路局工程师，后去德国留学，在汉诺威工科大学获得工程学学位。王在法国加入了国民党，归国后经过高等文官考试进入交通部工作。李廷玉之子李邦翰，前文提到的留德归国博士，在这个组织里做文化组委员。但转年王的家就被日本人查抄了，他被拘押在法国领事馆，也就是现在的天津承德道4号。

王若僖后来被释放，他不敢在天津久留，遂去了重庆。“密设党政军联合办事处”继任主任有好几个，他们分别是马汉三、郝任夫、李墨元、王任远。李廷玉一直在赞助这个办事处。

时空大地毯上的回望

20世纪30年代末期，不论南方还是北方，三位老祖的命运，都不同程度地受到日本入侵中国这个历史巨变的重大影响。而这一整章中涉及不少著名历史人物，他们中不少人与这三位老祖或多或少地发生着联系。

杨天波绘画作品·动物、静物画

《静物·玩具狗》。

《香山小花猫》。

《老象和小象》。

《静物》。

第八章

01 蒋反腐想换刘文辉，外公见状组自律团

1939年11月，保训所被关闭，此时蒋介石命令西康省成立“西康省军管区司令部”。不知刘文辉是否为了节省经费，他主动要求把这种编制庞大的司令部都降一级，理由是西康省太小、太穷。这样一来，该司令部里的所有处级（少将）都变成了科级（上校、中校），国民政府批准了这一请求。

该司令部内，刘文辉担任司令，保安处王靖宇任副司令。外公担任国民党派任的政训科上校科长兼特别党部少将书记长。此外，刘文辉派自己的学生刘静安任总务科上校科长、杨家珍为编练科中校科长、李静孚任组织科中校科长。

按理说，外公所处的特别党部少将书记长的位置是很令人眼红的，但刘文辉并未安排自己的学生。原因是：首先这个位置原本应该是蒋介石从“中央”派人来；其次这个位置的人必须是国民党党员，于是该职位非外公这个蒋、刘都能认可的人莫属。

军管区司令部的主要任务是征调壮丁、补充兵员，平时则是训练国民兵、举办集体入党仪式等。此时西康省建立不久，加之这里地处边区，多民族混居，原先落后、贫困、愚昧的局面还有待慢慢改善。西康省内的军政人员中也存在着贪污腐化、阿谀奉承、男盗女娼等恶习，官兵中更有不少人抽大烟，军纪、政纪很难实施。因此，蒋介石一直想以此为

对页图 《长江风景》，杨天波画。

理由把刘文辉换下，导致刘文辉很焦虑。

为此，外公曾写信请他“励精图治”，但刘文辉对下属往往很宽厚，不忍心下狠手承办几个杀鸡儆猴。外公意识到“励精图治”之法指望不上，就联络了王靖宇、段班级（时任西康省政府委员兼民政厅厅长）、韩文畦（时任国民政府西康省教育厅厅长）、张敬熙（时任西康省政府委员、建设厅厅长）等人，向他们建议成立一个“唯行学社”，用研究学术的形式，把文职位置上的中级人员都组织起来，以达到以身作则、纠正陋习、传播建设新西康的理念。段班级和王靖宇很认可外公的主意，遂嘱咐外公草拟唯行学社的章程，说是主席（指刘文辉）要的。

那是个炎热的夏天，外公花了 7 天的时间写章程。写好后的五六天，王靖宇、段班级、韩文畦约外公谈了一次，转达了刘文辉的意见，让他再多找几个人完善一下，以免在报请“中央”立案时发生麻烦。于是，外公又找了省委员会负责人张敬熙及保安政训处主任张练庵（张敬熙之弟，此人原为蒋介石派到刘文辉身边监督他的卧底，后被刘文辉的魅力折服，与刘一起起义）、保安处秘书宋晋成等进一步讨论、研究。大家认为大部分内容没有问题，只是在宗旨上要再强调一下“三民主义”，戒条的规定再简单灵活一些，允许参加的人员范围再扩大一些，指出只要赞成章程及遵守三个戒条者就可以入社。最后，外公按照讨论的思路更改并得到刘文辉批准后，由西康省报请“中央”立案。报告一直被拖延了很久，后经过西康方面多次发电文催请，“中央”才在 9 月给予立案，但规定只允许在西康省内试行，暂时不要吸收省外人员。

刘文辉为唯行学社社长，王靖宇、段班级为副社长，韩文畦、张缉为研究组长，外公、宋晋成为组织组长，刘静安、孙仲卿为总务组长。章程一经立案，他们立即分头去发展社员，入会者必须按照章程填写出两个戒条，承诺先遵守这两

家里目前找到的唯一一张妈妈全家的合影，那时他们一家都在西康省的西昌。前排右一为小舅舅、右二为我妈妈、右三为大舅舅，后排为外公杨露和外婆徐文哲。

条，日后一点点增加其他戒条，直到把章程里的戒条全部做到为止。这些戒条是：不吸烟、不虚伪、不饮酒、不嫖赌、不迟起、不晚睡、不浪费、不缺勤、不贪污等。外公在回忆录里说他先选填的是不迟起、不饮酒，但他也承认由于身上有湿气，有时会饮点药酒。

这个社团分为若干小组，定期聚在一起学习社里编写和收集的有关唯行学说的论文小册子，名曰《唯行论集》，也欢迎社员写稿或推荐好的唯行文章，比如收集中外格言、中外正派人物的言行等，但外公说很可惜只印刷过一集。该社1940年元月在康定成立，最初有四十多人，后来在省训团里吸收了一批，再在各次培训的学员中精挑细选了一批，直到西康起义。新中国成立之初，外公等人移交的名册中一共有一百五六十人。这个时期，外公一家都住在西康。妈妈那时是个调皮的小姑娘，有件事她晚年依然记得很清楚：有一天，她提着个小黑板，在上面画了一个大灯泡，还在四周画上闪闪的光芒，画完就高喊："灯泡！"然后还用小棍"当"的一声敲了下黑板，再扭头看她那秃头弟弟的反应。那时小舅头上长疮，所以必须把头发都剃光了。看到弟弟气鼓鼓的，妈妈再敲黑板并高喊："灯泡！"被如此嘲讽的小舅显然明白姐姐在讥笑他，终于心有不甘地尖叫、抗议起来。外婆听到小舅的吵闹声，冲进来就朝妈妈后背捶了两下。然后妈妈也大哭起来，闹得本来正在屋内读书的大舅不得已坐起来装成大人的样子说："还是我来收拾残局吧……"

美丽孟园魂绕爷爷，无奈无权卖何应钦 02

当年大伯、二伯、我爸、五叔这四个小男孩，早就知道重庆郊外傅家沟有个花园，那是一座有着大片果树、花圃、山洞及池塘的别墅，附近的居民称它为李家花园，也就是前文提过的孟园，但他们一直没去过。

爷爷全家福老照片，也是“四大金刚”最清楚的一张照片。前排左起我爸、我奶奶、二伯、五叔、娘（爷爷的第四任妻子李琼若）、大伯，后排左起二姑、七叔、爷爷、八叔、奶妈。大伯说，这张照片中八叔李朝义（后成为中科院院士）那天一直哭，爷爷很不高兴，最后等不到他停止哭泣，就那么拍了！

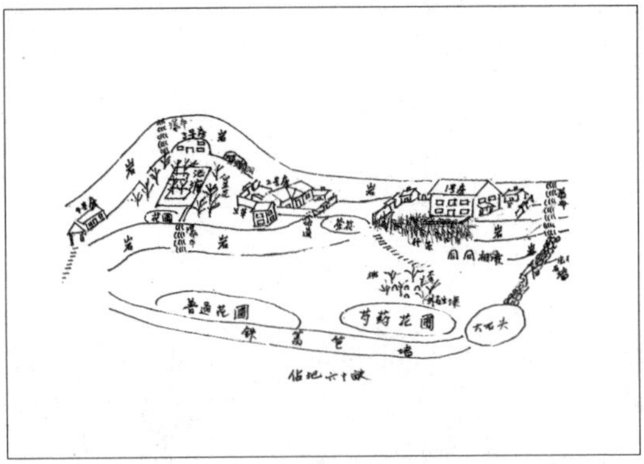

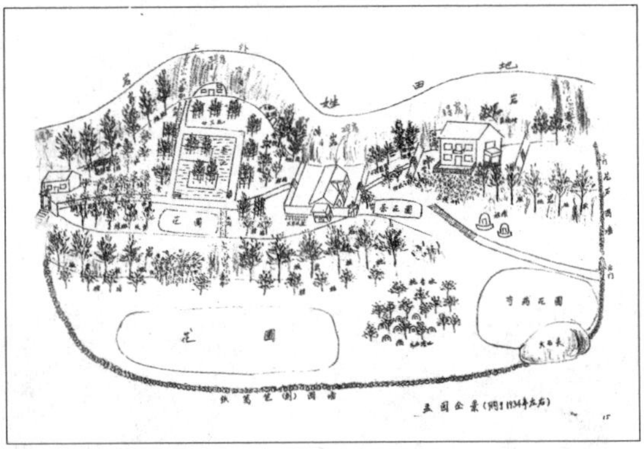

左图 大伯根据回忆画的孟园，孟园是爷爷精心设计的占地 3 万多平方米（约合 60 亩）的美丽别墅。
右图 大伯手绘的孟园大图。

也许是爷爷忙，直到有一天爷爷可能想起自己的孩子一直没去过那里，就宣布转天带他们去看看。第二天天还没亮，“四大金刚”就都起来穿好衣服，迫不及待地等着出发。他们发现门前已经停放好了一乘滑竿，三个长工站在滑竿旁等着爷爷。重庆是山城，所以当时重庆的主要交通工具是滑竿。路途近的由两个人抬着，路途远的就要三个人，在途中轮换着抬。二伯记得那天一路上长工们抬着爷爷坐的滑竿在前边走得飞快，从观音岩到孟园大约有十几华里，四个小孩在后面气喘吁吁地一路小跑。当天边出现鱼肚白的时候，四个孩子发现他们早已走出了城市的街道，来到了江边，伴随着天边太阳要出未出时的绚丽彩霞，可以看到江对岸一座山连着一座山，山上郁郁葱葱的绿色树林中有一座塔……“四大金刚”原先住在城里的观音岩时只是远远地看着长江，这回真的来到长江边，大家很兴奋。

与城里窄小的街道不同，二伯发现长江边的道路非常宽，他紧走几步跑到滑竿下面仰头问爷爷为什么，爷爷说这是川汉铁路成渝段的路基，因为没有钱铺铁轨，所以就当马路用了。辛亥革命的导火索就是这条铁路，中国几千年的帝制可以说是因为这条铁路寿终正寝的。

继续沿着江水向西走，一个滑竿和“四大金刚”此时离开大路进入了山谷，走进一片片种植着水稻的田野间。脚下是蜿蜒的小石板路，这里是山谷间的平地，路边种植的蚕豆正在这晨曦中开出精美的小花。

他们继续往山谷深处走，攀登了好似没完没了的数百级石板台阶后，开始进入孩子们口中的“花园”。园中的花匠已经前来迎接，他娴熟地走在狭窄的石板小路上，一边走一边给“四大金刚”讲解路边的各种植物，有枇杷树、梅花树（居然有几株罕见的绿梅花树）、桃树、橘子树……还有各种芍药花、红绿梅、大丽花、茗花、晚香玉、壁柏、黄秧木、兰草、石榴花、海棠花、紫荆花、茉莉花、菊花、灯盏花、鸡冠花、茶花等等。走着走着进入了白兰花区域，这些白兰树都有十几米高，一到夏天，满园子都是白兰花香。大家继续往前走，前方出现了一个池塘，池塘的中央有一座小岛，岛上也有一些高大的白兰树。池塘里有鲫鱼，还有一种身上有红色花纹的火斑参，是从岩石上冲下来的，别处少见。

孩子们发现孟园里的两座房子旁还有两处天然瀑布，其中三号房旁的瀑布边还有一处涓涓的泉水，这也是孟园人的饮用水。园子里的岩边、路边还种有板栗、核桃、桔子、广柑、桂圆、水晶葡萄、橙子、竹子，据说广柑旁要种竹子才会结果实。多年后，大伯回忆说，园子的正门和后门从来不上锁，周围的人经常悄悄进来摘走水果。比如桂圆，眼看着要熟了，准备等几天来摘，结果几天后全没了。还有板栗，偷的人是剥掉带刺的板栗壳才拿走的，想来为的是多带走些。广柑、桔子、橙子成熟时也全没有了。树那么高，大伯奇怪他们是怎么偷的，也从来没碰到过偷水果的人。不过幸好没碰到，如果碰到，想必就会有冲突和后续的麻烦。听二伯说，附近驻扎的国民党军队也进来摘橘子，所以孟园的主人从来没吃到过自己种植的水果。爷爷也不过问此事，估计他就想睁只眼闭只眼地让周围邻居受些好处吧。树大招风，不能在小事

孟园 2 号房近景。

上太斤斤计较。可能这样的态度导致周围人的无所顾忌，尤其附近的国民党兵经常大摇大摆地进来摘水果，橘子还没熟就摘走了，所以“四大金刚”从来没见过满园橘子红了的时候。

别说水果了，连园子的池塘都被一群士兵翻了个底朝天。他们看到“四大金刚”养的小鸭子在池塘里游水，以为那里有很多鱼，有一天就来了一大群士兵，把池塘的水都放了，在淤泥里找鱼，找来找去，却只找到一盆泥鳅。听说他们的伙食很差，这盆泥鳅也能让他们高兴地吃一顿了。

四个男孩正式进入了孟园 1 号房，他们很快发现那里有个阁楼，遂立即奔跑上去，却发现收拾整齐的一间卧室里，有个从来没见过的年轻男子。该男子告诉孩子们自己是他们的姨夫，住在这里养病。原来奶奶的妹夫黄梦溪是北大毕业的中共地下党员，当时是重庆地区地下党的负责人之一，国民党特务一直在找他。由于爷爷那时在重庆警备司令部任职，又是在郊外这么偏僻的地方，特务们也就不好意思进来抓人。但黄孟云当时患有肺病，以他的身份又不能去就医，结果 30 多岁就病死了。

孟园 1 号房近景。

“四大金刚”原本就知道，孟园里除了住着自己喊作“太太”的我奶奶外，还住着外婆（二太太的母亲）及二太太生的四五岁大的小妹妹。这个小妹妹后来被接进城里她父母身边住，但由于总是想念外婆，不好好吃饭。有一次爷爷着急她不好好吃东西骂了她，结果饭没吃完的爷爷气得让佣人抱着她回乡下，大家怎么劝也没劝住。我听了这事后觉得回乡下对这个小生灵来说是最好的选择吧，因为听说她亲生母亲跟她不亲。但很可惜，这个小女孩，也就是我的三姑，在 5 岁左右病死了，经询问大伯后我才得知她的名字叫李淑英。后来奶奶生下了唯一一个女孩，也就是我四姑，名字叫李淑明。

这个梦幻般的短途“到访”发生于抗日战争全面爆发之前不久。到了 1937 年 5 月 3 日，日本人大举轰炸重庆。5 月 4 日下午，大伯站在观音岩的院坝里，就能看见下面的城市在燃烧，一直蔓延着浓烟。就在这一晚，爷爷决定让孩子们搬去乡下住，以躲避轰炸！他当晚就让四个男孩自己去郊外的孟园找“太太”，也就是我奶奶。

那天“四大金刚”独自上路向他们心目中的“花园”进

发。小男孩们沿着黄沙溪河边走，天已经黑了，路上逃难的人群川流不息，那时没有路灯，四个孩子每人买了个火把举着照路。火把是纤夫拉船时用的藤索，用老旧了、脆了后砍成一节一节的，大约 1 米长，卖给路人当火把。当他们沿铁路路基爬上大佛寺时，已经离家十几里远了，但仍能回望到城里熊熊燃烧的火焰，大火应有几十米高，把半边天映照得通红。等终于到了孟园时，我奶奶，也就是“四大金刚”口中的“太太”“接待”了他们。

战争的爆发对于大人来说是忧心忡忡的，但对于躲到乡下的孩子们来说，那就是一场意外的“美丽人生”了。“四大金刚”不用再上学，远离父亲的管束，待在风景优美、世外桃源般的山间别墅里，简直高兴得要疯了（除了二伯想学大人看报关心一下战争局势），四个男孩子开始了长达两年多的野外撒欢儿般的生活。

“四大金刚”在孟园里像农村孩子一样生活，因为爷爷常住城里，奶奶身体不好，没精力管这些男孩子，佣人们也管不了这几位小主人。他们外出不穿鞋，光着脚，脚底从原

孟园 3 号房近景。

先稚嫩的样子变成了有厚厚的老茧。他们爬上白兰树任意采摘白兰花，串起来挂在蚊帐四周，在水沟里捉小螃蟹，在池塘里钓鱼，用新鲜蜘蛛网捏成的小黏团黏蝉子（知了）。“四大金刚”还养了蚕、小兔子、小鸡、小鸭和一只小羊。他们每天上午把小鸭赶到池塘边，晚上再赶回家，每天把小羊牵出去吃草。邻居王新阶的佃户林绍兴家的大羊生了小羊，四个小男孩常去看。他们还去峨公岩奶场看几百头良种奶羊，又经常跑到孟园正门外山坡上的青杠树林里去采青杠菌菇，还跟着花工去石桥铺买小猪，然后赶着回家。一路上小猪要休息，否则会发瘀中暑，孩子们就往它身上泼田里的水来降温。花工说猪可以在自己家的花园和果树林里拉屎，算作施肥，那会儿没人懂得化肥是什么。孟园里经常有一群画眉鸟飞来飞去，还有一种叫梁山伯和祝英台的珍稀鸟儿，羽毛是翠绿色的，像孔雀羽毛的颜色，雄鸟的尾巴很长很美。还有很多其他种类的鸟经常造访孟园。园中 2 号房坡上有个小池塘，某天我的十叔李朝杰和八叔李朝义在那里玩，他们比“四大金刚”小很多，都是我奶奶生的，估计那会儿八叔六七岁、十叔四五岁的样子吧。结果玩到高兴时，十叔掉水池里去了，幸亏八叔眼明手快，毫不犹豫地把弟弟拉了上来。

提到十叔，就不得不提他与我四姑李淑明之间的一件趣事。四姑是奶奶生的唯一一个女孩，她比十叔小一点，但年龄相仿。奶奶就这么一个女儿，所以特别宠她，每次都单独从城里给她买些点心、进口饼干之类的零食，这些零食奶奶是不主动给其他男孩吃的。“四大金刚”的年龄稍长一些，所以不给也就不要，就算让着妹妹了，可十叔与四姑一样小，那时也就 3 岁多。每当奶奶拿出进口饼干桶，“砰”的一声打开铁桶的盖子，要给宝贝女儿吃好吃的时候，就会出现一个景象，十叔与一条小狗，有时是并驾齐驱地跑来，有时是从不同的方向跑来，总之二者都会分得一杯羹……

孩子们在这样一片乐土上，可以尽情地挥洒他们的想象力及美好渴望，但他们是无法体会大人们的悲喜的。

由于孟园的面积比较大，住的人少，所以当爷爷的朋友张少船（重庆当年的著名书法家）想租住时，爷爷就让花工搬到花园的另一处，把 4 号房租给了张，3 号房租给了川军的一个姓杨的退伍旅长。杨有两个儿子、一个女儿，每个孩子跟着一个奶妈，还有一个勤务兵和一个叫秋菊的丫鬟。有一天半夜，他们一家人跑到我们家（1 号房），原来有土匪闯进了他家，杨旅长当时掏出手枪往墙上打（不想真的打到土匪，只想吓唬他们），结果土匪还是撞门进来，让交出保险柜的钥匙，拿走了里面的金银首饰及手枪。不过土匪倒也没伤杨家人，而那个丫鬟也很机灵，在土匪撞门时从窗户爬出去，悄悄摸黑跑到附近的国民党部队的营房呼救。国民党士兵倒是很帮忙，很快就跟着她来了，可是土匪已经离开了。因为此事件，大伯、我爸等几个小毛孩搞了个“冬防行动”，他们让 3 个花工、2 个男佣轮流执勤，派男佣杨遂林去买了两条老式步枪，但后来孟园一直平安无事。

就在大家以为这个案子会石沉大海时，传来了这伙土匪被捕的消息。原来这伙土匪在重庆歌乐山一个叫山洞的地方打劫了国民政府高级将领、湖南战区司令程潜。此案很快被重庆警备司令部的谍查（卧底）侦破，那几个土匪都被判了死刑，警备司令部的人得到了重奖，爷爷还参加了庆功宴。

也是在那个时期，曾有劫匪抢劫我姨奶奶的糖果店。他用枪指着姨奶奶让她交出一天的收入，姨奶奶舍不得，就一边磨嘴皮子一边靠近他。劫匪很警觉，说别走近，否则开枪了！结果姨奶奶不管那一套，继续接近他，于是那人扣动了扳机，手枪的撞针声都听到了，但那枪有质量问题，子弹卡住了！姨奶奶见状扑过去抓住劫匪就喊：“抢劫啦！救命！”巡警很快赶来抓住了他。重庆卫戍司令部经过简单的审讯，第二天就把那个人绑在一个没有顶棚的轿子上，背上插一“枪决犯”的标签，抬着游街后就给枪毙了。

奶奶（右二）与家人在花园里。

此时期，孟园也迎来了国民党的学生军，那是驻扎在孟园岩上地区的一支部队。总队长毛家谟是个少将，自费创办了重庆四维小学。部队刚调过来时还没建营房，有一班人就睡在2号房的屋檐下，下着大雨也不进屋。他们是一群学生军，士气很高，晚上会合唱抗日歌曲："中华的男儿大家奋起，同心协力，英勇向前……"唱到"好男儿要当兵"时，有个人突然大声唱："好男儿要当官……"然后学生军们大笑，大伯说没听见过他们谈论女人之类的话题或唱爱情歌曲。班长叫陆克敏，后来改为陆克敌，升任排长。

"四大金刚"在孟园住时也遇到过同一支部队里的一个不讲理的连长。他带着部队驻扎在孟园附近后，发现了爷爷的这个花园住宅。有一天，他带着全副武装的士兵，进入孟园，在里面周游了一圈，看了所有的房屋后，指着奶奶的卧房说："我就住这个大房间。"然后还指定了几个士兵为他站岗，"四大金刚"的房间成了连队指挥部，炊事兵每天在孟园里的厨房为连长做饭。这个连长在孟园里每天有酒有肉过得挺滋润。我奶奶看到这种情况，先是通知了城里的爷爷，然后悄悄告诉"四大金刚"说："你们晚上就去躺在我的床上睡觉，看他怎么办。"结果"四大金刚"那几天晚上就都跑到我奶奶的大床上睡觉，只给连长留一点点地方睡。爷爷这边得到消息后很是头疼，虽说他在重庆警备司令部里任职，但执法总队是"中央军"，本身就是专管军队的，后台很硬，而重庆警备司令部属于川军，"中央军"和川军原本就有矛盾，嫡系的"中央军"一直在找川军的毛病以打压他们，如果此时亮出重庆警备司令部的牌子，这个事就变成蒋介石"中央军"与川军之间的矛盾了，怕会激怒执法总队，让问题更加复杂化。爷爷想来想去，最后以袍哥组织大爷的身份出现，挑了个赶集的日子，用袍哥会员集会的形式震慑住了执法总队，此事才得以解决。想来"中央军"也不想为了一个小小的连长得罪地头蛇哥老会，他们已经丢了半壁江山，退到四川，如果想在四川站稳，没必要如此扰民。事后，爷爷在孟园大门外贴了张告示，大意是：这里是重庆警备司令部的地方，闲人免进。

世间的事总是在变化的，爷爷精心为家人建造的美好庄园，在抗战开始后没几年就出现了危机。国民政府在孟园附近的山上开凿了很多洞穴，然后把兵工厂搬迁进去，这样可以防止日本飞机轰炸。而这时，爷爷的靠山刘湘已经死了，他经营的这块美丽的世外桃源被国民党大人物何应钦看上了。何派兵工厂的人来谈，说兵工厂需要开凿更多的山洞，孟园里面有山坡、有岩石的地方，都要挖出洞穴来给兵工厂用，所以要征用孟园的土地，否则就是影响抗日。爷爷毫无办法，只好在报纸上登广告，希望尽快卖掉，因为要是真的被征用，国民政府是给不了几个钱的。但此时何应钦出现了，他出钱买下了孟园，据说他给出的价格还算公道。

抗战胜利后，爷爷一家曾因扫墓回访过孟园，发现周围环境已经发生了变化。后来何应钦搬走后，国民党另一将领张群一家搬了进去。再后来历经时代的变迁，孟园经历了兵工厂、垃圾场的巨变。

03 重庆政府任李老祖，华北宣抚主任授任

大约这个时期，北方的李老祖虽处在日本占领下的天津，表面对外宣称只想读书、写字，颐养天年，而实际上一直想在抗日战争时期为国家做点事情。1943 年，李墨元、王任远向国民政府提出建议，让李廷玉出任华北宣抚主任，化名张永安。这年的 9 月，接到“委员长蒋特字第七九二四六号密令”任命书。李廷玉在回忆录里这样说：“虽年老无才，不敢肩此，然揆诸国家兴亡，匹夫有责之义，亦未敢辞。”他欣然领命。

首先他与李、王商议的事就是，在局势有变化时，要有

个过渡组织和维持地方秩序的办法。李廷玉建议先以华北绅商各界临时治安会的名义支持变局，等到时机成熟再以宣抚名义治理地方。李廷玉还提出，华北几个重要地方的情形，也需要调查清楚，尽量收抚地方杂牌军队，联合各地军警充实力量，以便到关键时刻“措置震慑”。

这样的计划由李墨元报告了“中央”，上面回复说“准相机权宜办理”。得到这样的批复后，李廷玉与李、王开始研讨关于治安协会将来的推进工作，并确定以平津两市为重心，制定一个具体的方案及组织大纲，主要目的是维持治安、接济民食、收抚联络各军警、沟通商会及金融机关、筹措临时物资、监督伪组织的行政机构，等等。这样的方案制定好以后，“二李一王”就开始往冀东、济南、青岛、保定、石门、太原、彰德等地派遣了很多既能吃苦耐劳又能随机应变的能干的同志去落实。

不久，工作成效显现，驻唐山的伪治安军行营主任刘组生、驻滦县伪治安军集团司令马文起、驻天津韩家墅伪治安军集团司令邓见鹏、驻彰德皇协军军长李英及冀鲁杂牌军数支部队，都表示届时会“反正”、听任指挥……

时空大地毯上的回望

此时，我家南北祖辈忙碌着各自的忙碌，操劳着各自的操劳，其中的关联，是我这个后辈在多年后特别有兴趣琢磨的。首先，是前面提到的也曾住进孟园的国民党将领张群，他与李廷玉是保定陆军学堂的校友。爷爷李孟凡、张群、李廷玉，因孟园有了隐隐的某种联系。其次，此时与外公杨露在西康一起工作的段班级，和李廷玉老祖一样，曾是民国时期一位较为重要的政治人物。

杨天波绘画作品 · 莫高窟菩萨像

敦煌莫高窟 57 窟西壁龛内南侧菩萨。

敦煌莫高窟 18 窟西壁龛内南侧天王。

敦煌莫高窟 23 窟西壁龛内南侧菩萨。

敦煌莫高窟 384 窟西壁龛内南侧菩萨。

第九章

杨天波临儿子李睦油画《动与静》。

01 外公赴任西昌县长，抬轿祈雨斗张笃伦

1941年，外公在西康省为响应蒋介石的命令，又忙活了一阵省训团的事。之前在搞保训所，那主要是为蒋储备兵员，暗地灌输先拥护刘文辉再拥护蒋的思想。而这次是培训省级各机关中的中级人员，包括省级机关和县级单位的科长、秘书以及乡长、镇长，也有少数经刘文辉特许的非现职人员。省训团的科目是学习当时国民政府颁布的政策、法令，在落实过程中刘文辉还是暗中实行了外公提出的"宝塔式拥护法"，以防止蒋"中央"势力和人员的侵入及挖西康的墙脚。

此时有个小插曲，那是1941年的某一天，保安处处长兼唯行学社副社长王靖宇通知外公到雅安苍坪山半山腰的一座房子里会谈。外公去了坐下不久，保安处秘书宋晋成走了进来，外公小声问他今天有什么事，宋说不知道。一会儿，王靖宇来了，打过招呼后，便直截了当地说："今天请两位来参加主席（指刘文辉）的正式秘密组织'乾社'，这是绝密的，你们两位只和我联系，不发生横向关系，宗旨在誓词上有。"说完就一人发了一张誓词，需要填上名字，然后王靖宇让外公和宋晋成面向墙上刘文辉的肖像立正、读誓词（读时举起右手），仪式完毕后把誓词交还给王靖宇，再向刘文辉像三鞠躬，转身向王靖宇一鞠躬。外公在回忆录里说："手续简单而隆重。"

到了1942年，省训团第三期即将开学的时候，外公被调往西昌县任县长。那是同年5月的事，有一天王靖宇突然找到外公说："主席派你去任西昌县县长，明天上午就到军部去见主席。"外公一愣，然后说："谢谢关照。但我有几点意见请你帮我斟酌一下：一是路程太远，不能兼顾军管区和省训团的工作，可否派我就近兼任雅安县县长；二是我的原职在找到接替人前，可否由我侄子杨乾九暂代，他既懂谨慎勤俭，又能耐繁（杨乾九比外公小不了几岁，是外公大哥的儿子，叔侄俩年龄相近，从小一起长大）；三是我无储蓄，可否拨发到西昌的旅公费？（因上任县官须带妻儿）"王靖宇听后没什么迟疑，回答道："第二、三点可以转达，第一点主席已定，不便变更，我看你最好就遵命到西昌去吧。"外公在回忆录里写道："我听了之后就不好再罗嗦了。"

第二天外公去见刘文辉，他首先表示了谢意，然后提到西昌的情况很复杂，希望刘主席指示机宜。刘文辉说："西昌委员长行辕（全称是'国民政府军事委员会委员长西昌行辕'）的情况，你是知道的，他们对我派去的县长，不是说无党籍，便是说操守难信，拈过拿错，吹毛求疵，使我常常换人，讨厌极了！我在西康的处境你是知道的，我的战略、政策你也了解，你去，马上就去，一切按政策、法令办，'照本宣科'嘛！我看他们今后还说什么。今后一切随时可同俊林（指刘元瑄，刘文辉的侄子，国民革命军24军最后一任军长，比较倾向共产党，曾劝说刘文辉起义）、履谦（又名杜品珍，曾递补当选中华民国第一届立法委员）商量办理。"不久，王靖宇送来300元，且说杨乾九可以暂时代理外公的位置。

1942年6月下旬，杨露到达西昌，7月1日正式接印视事。那个县政府印青铜质两寸见方，上篆刻字"西昌县政府印"，连铜柄差不多1斤重。交印的是上一任西昌县县长郑少成，此人是刘文辉的心腹。

彼时，刘文辉的军费很大部分靠种植鸦片，但文化人出身的外公应该不知道这一点，所以经常给刘文辉写信强烈建议他禁烟。对此，刘文辉往往口号喊得很高地回应外公，使得外公以为刘主席支持他的禁烟理念，所以接下来外公在西昌认认真真地搞了一场禁烟运动。只是他哪里知道，蒋介石在西昌的行辕一直借禁烟问题在抓刘文辉的把柄，行辕那会儿曾经派人到西康一些县去查烟，刘文辉派出西昌原县长郑少成跟随，一路贿赂加打点行辕的考察官员，然后把所到之处在路边种植的鸦片铲除掉。就在这种无知无畏的状态下，外公开始了自己的禁烟行动。

他到任后就宣布禁烟，种、运、售、吸一律禁止。外公早就查到行辕的人也在私运烟土，于是他和刘元瑄及杜履谦（杜品珍）商定：一方面严格约束内部，一方面无情揭发“中央”所属人员（西昌行辕）的违法乱纪行为。他们从城区开始，一天之内就肃清了全城的烟馆，将烟具焚毁，将首恶花烟犯（买大烟兼营妓业）立即枪决，重要烟贩都给拘捕起来，其余吸烟者登记限期戒除。外公在回忆录里说：“一时风气整肃，人人称快。”为了彻底禁种，外公还出巡各个乡镇，深入山区老林宣传禁烟，强制种烟者铲除烟草，改种粮食。行辕方面派特务营营长李自伟随行协助（实际上是监督外公是否真的在禁烟），他们翻越螺髻山，深入吉绍虞土司的领地，巡视德昌、礼州两区山林地带的草坝、樟木箐、沙坝等乡镇，实行铲烟督种粮食。外公对自己这次禁烟成效的总结是：“这次禁烟是有成绩的，不过尚未彻底而已，但已获得了省政府、屯委会及禁烟执法监的传令嘉奖。”

外公得到嘉奖后对自己的禁烟工作颇为满意，这样的时光没过多久，问题就来了。他出巡回县城不久，行辕李自伟（跟随外公出巡查烟的特务营营长）被礼州人控告私运烟毒，受到禁烟执法监的撤职查办。西昌行辕中将主任张笃伦认为，是外公授意礼州区长干的，于是他就以礼州区长有种烟的嫌疑将其传唤到县政府听候处理。外公见行辕那边没有明确说要把该区长拘禁，而他又是自己管辖的现任区长，就叫他住在县政府听候传讯，也没派人看管他，没想到他随24军出差部队逃走了。为此，行辕张笃伦非常不满，这事一下严重起来。县政府军法承审员建议外公指定一名法警，让他承认自己是县政府所派看守区长的人，说他看守不严，导致区长逃脱。这样一来，外公的责任就轻了。外公一听觉得不妥，万一法警经不起拷打，说出自己并没有被委派看守礼州区长，是外公让他当替罪羊，那事情就更复杂了。外公最后决定实话实说，承认是自己的疏忽。于是他去找张笃伦，把事实经过陈述一番，请他惩处。然后再下令四处通缉该区长归案究办，最后给刘文辉拍电报请罪。刘文辉得信儿后，怕行辕方面抓住这个不放，对外公做不利的事，立马记了外公一个大过以示处分，同时也严令各县通缉该区长，并将如此这般的处理过程通知了行辕。张笃伦见刘文辉已经处罚了外公，气才消了下去，而外公这边也没敢对李自伟私运烟土的事再做追究，此事不了了之。

但行辕那边后来又在刘文辉面前中伤外公，说他好酒使性，而外公在加入唯行学社后就开始履行入社承诺，只是偶尔喝些药酒，也并未乱使性子。刘文辉听到行辕乱讲后，正式给外公发了电报，要求他戒酒，外公回电说："遵命，自知谨慎。"当然，行辕与西昌县刘文辉的人矛盾一直不断，他们抓过县训所（县级训练所，以保长保队附、乡长乡队附为训练对象）的学员，且进行虐待，导致大批学员抗议聚集，经外公调停才放人、息事。

不断挑外公毛病的张笃伦是行辕的积极张罗者和主任。据传他因修建此行宫赚了一大笔钱。外公认为："（这个部门是）蒋介石在大西南川滇黔三省间下的一招"卧巢马"，目的在于破坏刘文辉和'云南王'龙云等的关系，也是他逃亡的最后一站。平时则作为一把尖刀插入西康腹心之地，随时准备对刘文辉下毒手。”张笃伦原本是刘文辉的下属，他看准这个差事来个两面讨好。一方面，在外公抓行辕的人时，他稳、准、狠地采取反击措施以达到营救自己人的目的；另一方面，他也曾多次声泪俱下地和刘元瑄及外公表示，他是刘主席的旧部下，决心为主席效劳，别无二意。他也多次在背地里说刘文辉的坏话，向蒋介石送情报，这些事刘文辉他们都知道，但一直隐忍。直到张笃伦让自己的儿子与彝兵首领邓秀廷的女儿结婚，想把这个握有兵权的彝族将领拉到蒋介石那一边，才惹恼了刘文辉。刘向蒋报告说张笃伦离间少数民族与汉人关系，逼蒋介石换掉了他的行辕主任一职。这个张笃伦机关算尽却撞上了厄运，他派自己儿子和行辕政治部主任张敦品用飞机运烟土及白银去重庆朝贡，结果飞机撞到西昌螺髻山坠毁了，人都死了。后来蒋派他担任重庆市市长。

西昌行辕，蒋介石夫妇仅在 1945 年夏初去住了几天，顺带把龙云的问题解决掉。他们住此期间，杜聿明夫妇及国民政府的要员都纷纷去那里看望过，唯独刘文辉称有病在身没敢去，怕自己也是龙云的下场。不过外公倒是被召集去过一次，那次是蒋要见在西昌的中、上级官员和绅士，见面地点在行辕的庭院里。蒋先生即席发言，内容涉及“攘外安内”等，大约不到 20 分钟大家就散了。

西昌当地的民族风情让外公这个留学过日本、念过金陵大学的知识分子县长印象很深刻。比如有两件事，一个是迎春、一个是祈雨。先说迎春，大约在 1943 年 2 月立春前，西昌的士绅和农会的人纷纷要求举办“迎春大会”，外公一听却说：“民国以来虽无明文废除，但一般都不举行‘迎春’，不办。”但这种想法马上遭到士绅和农会的柔和反驳，他们说：“杨县长励精图治，农民非常尊敬你，听说你是学农的，要进行农业改革，大可借这个机会好好宣传，不是更好吗？而且办迎春会是由地方上捐款，不影响县财政，请准许农民的要求吧！具体的事全部由地方准备，县长只需到时亲自参加就行。”外公见他们如此情词恳切，不好意思拒绝，就报屯垦委员会请示，屯垦委员会时任负责人李万华不在，王祉承代班，他说迎春会不是坏事，他们要办就允许吧，这是俯顺舆情，可以变通的。于是外公回到县政府，正赶上联席办公会议，就把此事提交大家讨论，没想到赞成的占多数。于是外公提议把仪式中迷信的部分去掉，增加兴修水利、改良农业、修筑乡村道路、发展乡村教育、改进社会风气的内容。

仪式定在立春的上午 8 时，由县政府出发前往南门外的迎春场开会。结果令外公没想到的是，主办的农民居然弄来一个八人抬的“明轿”（用一张蒙上虎皮的“太师椅”加上两个小石狮子脚踏，再绑上两根轿杆，四面没有围盖），还喊来外公 6 岁的小儿子杨天戈立在他的膝前，且让外公穿上长袍马褂、戴着博士帽、架上老花眼镜，端坐在轿子上游行。外公一开始坚决拒绝，但大家说这是老规矩，城乡人民希望看到这样的仪式。军事科（他们协助主办此事）的人也在催促，结果 8 个精壮的农夫，穿着同色的号褂，把外公及小舅舅抬出大堂，鸣号炮三响。前面开路的是 12 名政警，轿子前是乐队（锣鼓、唢呐），轿子后是军事科人员和 30 名民国自卫队队员，前呼后拥地直接去往迎春会场。沿途围观者快把路堵上了。会场左边是纸扎的春牛，五颜六色的；会场前面是一块荒地，犁、耙、锄头等工具都摆在那里。行礼如仪后（中间包括向中山先生及蒋介石先生挂像行三鞠躬礼），外公带头挖土，大家也跟着挖，不一会就把那块荒地挖完了。随即外公致开幕词，然后建设科长宣读西昌今年农林水利的计划大纲，后请士绅和农会的负责人讲话，最后宣布散会。爆竹声大起，外公及小舅舅照规定上轿子游行回城，人山人海，万头张望。他们回到县政府时已是下午 4 点，经过简单的酒席聚餐后，大家各自散去。

第二件令外公觉得迷信的事就是祈雨。那是同年 4 月，入夏后一直不下雨，按照外公的说法是“旱象已呈”。士绅

外婆与小舅舅。

和农会再三请求举办祈雨仪式，这次比迎春会简单得多，就是先在城隍庙设坛，请道士念经祈祷，然后外公只需每两天去上一次香，最后是准备在邛海深处下虎头铁牌。铁牌就用佛寺里的云板，在板上用漆绘成老虎头的图案，系上长绳坠入海中，寓意是让虎和龙斗起来，就一定会下雨。外公觉得当时的老人、妇女非常相信这个，大多数农民也相信，所以采取了配合的态度，加上 4 月是西昌育秧、插秧的季节，遇到旱季，4 月还不下雨，全县人民都很恐慌，都巴望着下雨。

这样做了 7 天，还没下雨，大家决定第 8 天步行去下铁牌，不料外公同士绅们刚登上邛海的船，便下起了毛毛雨。于是船夫加速划船驶向邛海深处，很顺利地把铁牌投下去，把长绳子系在一个海岛的大树上，道士们双手合十面向海心，口中念着某种经文。然后大家再划船到港口，步行回县政府。这天后连着下了几天不大不小的雨，大家高兴得不得了。

02 警备司令证招客轮，四大金刚玩枪走火

从孟园搬出后，爷爷先买了重庆郊外化龙桥山打儿窝美丰银行的房子。一个被大伯称作彭经理的住大院子，爷爷家住一套平房。房子在山顶，爷爷在那里打了个防空洞，洞口边有一口井，洞内的水和下雨时从石梯上流下的水都会流进井里。常住在那里的有奶奶、“四大金刚”、七叔、八叔、十叔及四姑，以及佣人老姜和黄二娘。“四大金刚”此时已经读初中，是住读，星期六才回家。不久，爷爷就买了重庆江北檬子园的土地，那个地方原先属于一个叫陈狗儿的人，他特别勤俭持家，原先就是个普通农民。这个诨号是缘于他每次赶场都要提个渊篼（四川的一种手提竹簸箕），一路捡狗屎放簸箕里带回家做肥料。如此这般勤俭、积累才置了些田地，结果他这么能攒钱的一个老实人，却有两个好赌博的儿子。到他死后，两个儿子没多久就因赌博欠债而变卖田地，

爷爷买的就是这陈狗儿田地中的一块。这是一块山地，虽没有孟园的气派，但能在半山坡上修一个庄园，家人住在里面很惬意。爷爷又多雇了两个长工和一个李姓男佣。刚搬进檬子园的时候，爷爷请周围的农民吃饭，是那种八大碗宴席，餐具、桌子等都由承包老板送过来。爷爷还是很重视教育，周末也不会让“四大金刚”闲着，每个周末都请家庭教师来，还都是让老姜他们用自家滑竿把教师抬过来的。

在檬子园家里有个柜子，“四大金刚”很是感兴趣，每次奶奶打开柜子整理里面的东西时，“四大金刚”都围拢过去看，奶奶也不赶他们。其实四个小男孩对柜子里诸如爷爷的国民党党员证、现金之类的东西没兴趣，他们特别关注的是爷爷的一把手枪，还有子弹夹。有时奶奶会进城住几天，家里就佣人和几个孩子。周末晚上，“四大金刚”会带着弟弟、妹妹们跑到阁楼上去睡觉，一是觉得好玩，二是安全。因为那个阁楼与楼下仅仅由一个活动的梯子连着，人上阁楼后把梯子收起来，即便有土匪闯进来，孩子们在阁楼上也算

大伯凭记忆画的檬子园，大约占地 30 亩。

妈妈画的《春雨江南》，那些小山、小院落、小房子、花……让我觉得有几分像爷爷的檬子园。

相对安全。这些房子和孟园的房子，全是从没学过建筑学的爷爷自己设计并监督建造的。

有一次奶奶像往常一样进城住了几天，她把那个柜子的钥匙交给了大伯。等奶奶前脚一走，“四大金刚”立马做出一个决定，打开了柜子，拿出手枪和子弹夹，然后跑到院子里，想每个人开一枪试试。先由“四大金刚”中的大哥实验第一枪，他拿着枪朝天扣动扳机，只听得“哄”的一声巨响，枪是打响了，但四个男孩发现子弹壳卡在手枪里，怎么也拿不出来。他们很害怕我爷爷知道这事，要是子弹壳退不出来的话，爷爷一定会知道的。最后没办法，他们只好把卡着子弹壳的手枪悄悄放回原处。爷爷回来后，发现手枪有问题，“四大金刚”如实交代了那天闯祸的经过。没想到爷爷并没有如他们所想的大发雷霆或动手打人，而是很严肃地告诉“四大金刚”：“以后不要再玩手枪了！太危险！”其实在这之前大伯就悄悄取出过手枪，放在枕头底下新鲜一晚，他还特地装上子弹，且在那一晚祈祷有土匪来家里打劫，好试试手枪。

抗战后期，重庆轰炸少了以后，奶奶带着孩子们进城居住了，檬子园仅留下两个长工和一个女佣。

爷爷买下檬子园后，利用那里多余的农舍尝试做麦芽糖，老姜和一个雇工比赛吃麦芽糖后病倒了，睡了好几天。大伯记得还请了一个叫艾三爷（艾文仲）的当管事，用马、骡子运碎米做原料，用糖渣养了 40 头猪，利用一块水田种藤菜喂猪，猪养得很肥，但没什么利润。想来爷爷一生确实艰辛，开长亭茶馆遭遇轰炸和市长的觊觎而被迫停业，开菜市场没利润，开浴室因被调往成都任职而关闭，买孟园后还被迫卖掉，也就两处宾馆有些盈利。所以，爷爷养猪和做麦芽糖算是尝试新的赚钱途径。

爷爷平时算是个很本分的人，他身为重庆警备司令部的处长（警备司令的参谋长），在儿子上学的问题上规规矩矩，从没有仗势压人。大伯和二伯小学毕业后考中学，二伯考上了重庆最好的广益中学，而大伯没考上。家里人的意思是希望两个孩子在一个学校，好相互照应。在这样的情况下，爷爷没有去找广益中学的校长把自己的大儿子塞进去，而是让二伯随大伯去了一个很远、条件差很多的巴县中学，他们需要乘船去学校上学。第一天，他们上的船明显超载倾斜了，爷爷见状在岸边让管理人员把船召回，但被拒绝了。这时爷爷亮出警备司令部的工作证，对方见状吹了声口哨，把船喊了回去，让两个男孩下船，坐自家滑竿走陆路。过了一段时间，报纸登消息说那趟载客船因超载翻了，船上所载的津江国立女子师范学院的学生被淹死了很多。有鉴于此，哥俩拒绝再去那里上学，结果大伯重新考取了教会男中博学中学，二伯则去了原定的广益中学。

李老祖华北抗日组，组员一冻死一枪伤 03

此时的李廷玉老祖已经与后方的重庆国民党政府取得联系，加入了在天津秘密设立的（国民党）党政军联合办事处地下组织，化名张永安，受命为华北宣抚主任，主要任务就是分化敌伪和准备抗战胜利后的天津接收工作。此时的形势是，重庆政府对华北这一带的地下抗日工作很倚重李廷玉，因为天津的国民党机关基本都暗中解散了，河南郑州的电台也被日本人清除了，他们只能派人秘密活动，幸而各区主要人员及治安军基本都联系成熟，只等时机到了一起“反正”。只是在这类秘密活动中，有两个被派出去的国民党员遭遇很悲惨。

其一是赵以忠，李廷玉在回忆录里称他为“赵同志以忠”，但没有具体的背景资料介绍。当他得知遵化境内沿长城数百里都被日军划为“无人地带”，便悄悄潜入调查真相。他经了解得知，此处原先为八路军所占据，且有小规模的兵工厂，能制造军火，后不幸被日军探知击溃。日本人还不解恨，在

李廷玉长子李邦翰全家福，左一的小女孩就是我的婆婆李蕴藻。

那里继续搜查，凡是见到看起来像有嫌疑的人就开始杀戮，或者赶出该地带。原先居民区里的房屋、器具、柴粮等都被烧毁，造成无人区状态。赵以忠在调查完毕返回时路过遵化某村庄的炮楼，遇到日本兵的盘查，日本兵对于他擅入“无人地带”很是恼火，但又没搜到什么可疑的证据，就胡乱刺伤了他的左腿。赵拖着伤腿回到天津，医治、疗养了十几天后才痊愈。

其二是张玉斌，李廷玉在回忆录里称他为“张同志玉斌”。他被派发的工作是在天津调查日军仓库，不料被日本人侦查到，在 1945 年 3 月 1 日险遭抓捕。幸亏他提前得知了消息逃走了。但他不敢住店，一整夜都躲在郊外的某个沟渠里。3 月初的天津依然很冷，尤其夜里，由于惊恐和寒冷，他在沟里动弹不得，等到天亮家人找到他送去医院，但已经晚了。他于 3 月 3 日去世，以身殉职。

那时李廷玉主持的华北地下组织，给派出的所有同志发放旅费 3000 元，支付了赵以忠医药费 2000 元，并付给张玉斌烈士家属抚恤金 10000 元。

时空大地毯上的回望

幽幽时空，一南一北，我的两个南方老祖和我的北方老祖，其实都在一个氛围下活着，那种氛围都是日本人带来的。北方李老祖冒着风险勇敢地做着地下抗日工作。而西康的外公多年来一直给国民政府招募兵员、训练士兵送往战火纷飞的前线，他们就是那些可歌可泣的四川抗日战士们！即便在西昌担任县长，他也一直紧抓县训所工作，继续训练民兵。与他同在四川的爷爷，虽然一心经营着自己的生意，但是多处房产被日本人炸毁。后重庆政府以修路为名划走多片土地，就连没被炸毁的孟园，也因名义上要修兵工厂支援抗战而忍痛让出。总之，在那种大环境下，他们三位老祖都自愿或不自愿地担当着历史大潮流里被裹胁后的角色。

杨天波绘画作品·家人画·自己

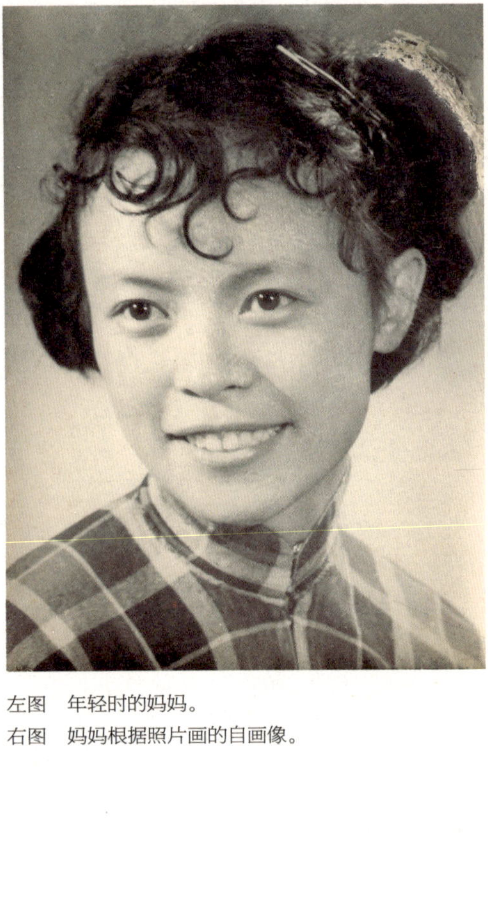

左图　年轻时的妈妈。

右图　妈妈根据照片画的自画像。

左图　中年时的妈妈。
右图　妈妈根据照片画的自画像。

左图　退休后的妈妈。
右图　妈妈根据照片画的自画像。

左图　老年时的妈妈。
右图　妈妈根据照片画的自画像。

第十章

《雾蒙蒙》，杨天波画。

01 千多农民带枪请愿，外公找张笃伦放人

外公在西昌做县长的那段时间里，遇到过一次农民游行请愿。那是 1942 年 12 月的一天上午，各乡镇的乡保队长或代表率领 1000 多名壮丁突然来到县政府大门内的广场，高呼请愿。他们都是带着“十子连枪”来的，有的两只手上都提着枪，有一个领头者带着大家呼喊口号。同时，另有一支游行队伍到屯垦委员会那边去了。外公见到这种阵势，立马出去见他们。当外公出现时，游行队伍中有人喊：“立正！”外公则请他们都原地坐下，然后大声说道：“大家辛苦了！请安静下来听我讲话，同在讲堂上课一样好好听着。我是你们的父兄，你们来得很好，我欢迎你们！你们来请愿，尽管大胆地说，说错了也不要紧，希望你们推举代表向我说，我才听得清楚。”说完这些外公就回到办公室里等待。不一会儿，进来了几个代表，有的外公见过，有的不认识，但名字一个也不记得了。外公请他们一件事一件事地讲，并叫旁边的秘书做详细记录。代表们请愿的内容大致如下：

一个代表说：“行辕和屯垦委员会抓走乡队附和保队长，还有李万华（时任西康省委员会委员）的牟兵抓去的保队附们，喊他们立刻放人，否则我们就不回去！”外公立即写信给行辕和屯委会，叫他们立即把人放出来，并保证他们不久就能随传随到。

另一个代表说："部队包庇种烟、运烟和售烟（指的都是鸦片烟），应该制止他们！"外公说："这事很重要，我早就找他们开过会，他们都表示要坚决禁止，我会再抓紧跟踪、调查和制止此事。"

又一个代表说："滥粮、浮粮要立刻免掉，收粮的弊病很多，要禁止和严办。"外公说："这件事我已经发了命令清查严办，不久我就要同田赋粮食管理处亲自去乡下查办。查清之后，当场处理。免粮的事，那就要详细查勘之后，专案呈请省政府批准才行，但我一定这样去办。"

最后一个代表说："西昌小学太少，请即想办法让各乡都有高小，各保都有初小。"外公说："这事提得很对，我已经决定明年最少要把县财政的一半用来发展小学教育，你们就等着瞧吧。"

听完外公的这些回复，请愿的代表都没再说什么。外公趁势说："你们去把到屯委会请愿的人喊回县政府来，决不可到行辕去，放人的事由我来办，现在大家都饿了，吃点东西吧（外公早就派人去采办干粮和茶水）。"谈到此时已经接近中午1点，财政科的人过来告诉外公锅魁（烧饼）、点心、茶水都准备好了。于是外公就和代表们说："赶快去把队伍集合一下，吃点东西、喝点水，等人放出来，你们就可带起（队伍）回去了。一定要守秩序啊！有枪的把子弹都退下来！"

然后外公分别给李万华、张笃伦打电话，要求他们先把人放到县政府，好交给代表们带回乡下去，这样才能先把兵退了，然后再解决其他问题，否则事情闹大了就不好办了。李万华和张笃伦也感到1000多名带枪的人留在县城里是个麻烦事，怕夜长梦多会出意外，于是在午后2点多，将3个被抓的人都放出来了。外公当面将人交还给代表们，大家便高高兴兴地带着队伍离开了县政府，各自出城回家去了。而外公紧绷的神经过了很久才慢慢平复下来。在请愿的农民

妈妈临摹莫奈的作品，与当年外婆离家出走时的情景很像。

离开后的一段日子里，外公答应他们的各项问题，后来也都一一办到了。

但与农民起纠纷的事后来还是发生过，尤其是权利不受约束的行辕那边。那时张笃伦仗着西昌行辕主任的身份，派自己的亲信在城南十五里的泸山北尾圈了一大块地（属于马道子乡的农地），大约有三四百亩，仨瓜俩枣随便给农民一点钱，就叫农民迁走了。当地农民虽然很不满，但也忍了。后来马场的围栏坏了，张笃伦方面不好好管理尽快修复，结果马总是跑出来践踏周围农户的禾苗。农户多次找马场的人交涉无果，忍无可忍，便把跑出来的马扣留了下来，断了马场的饮水，并发生了争斗。那天很多农民把马场围了起来，情况很是危急。外公要去现场解决问题，可李万华说张笃伦不让他去，张怀疑农民闹事是外公在后面挑唆所致。没办法，外公写了一封信给马道子乡长，再派县政府的两个干部及行辕的人去，大家谈判了 3 个小时，答应修好栅栏、管好马匹，不给农民添麻烦，这场风波才算过去。转年，张笃伦见马场没什么利润就把它关闭了，另在泸沽湖那边开了酒精厂。因为张笃伦儿子张开基与外公同是金陵大学农科的校友，外公在原料方面给予过张开基一些支持，只是后来张开基奉张笃伦之命往重庆运鸦片和金银时，飞机撞山，突然去世了。

此时的外婆带着 3 个孩子跟外公一起住在西昌，由于外公仅靠工资养家，加上他又总是把工资的一部分交给自己的母亲，所以生活很拮据，外婆与外公总为生活费不够而吵架。有一次，外婆气得把外公收藏的很多玉烟嘴（外公抽烟斗）都给砸碎了，外公回来看到后躲在里屋呜呜哭。另一次，外婆索性拉着妈妈和小舅舅到了西昌县政府，目的是要状告自己的丈夫，结果被县政府的人给劝了回家了。但到了傍晚，外婆越想越气，就又拉着俩孩子离家出走了。他们本想回外婆的娘家，无奈深更半夜住在半路上的一个小旅馆里。早晨她们想动身继续出发时，发现旅馆的大门居然是锁着的，原来外公派人追到这里，锁住大门，只等娘仨起床后再用轿子把他们抬回去。

蒋不管隧道管冷饮，爷爷餐馆可怜关门 02

卖掉孟园后，过了一段时间，爷爷与人合资 40 万元在重庆市中区（今渝中区）机房街开了一家西餐馆，名叫“一心花园”。因爷爷对建屋造园有经验，所以这个餐厅和花园还是他来负责建造和设计。该餐馆最后建成一个长亭式的建筑及花园，到了晚上花园的道路两边摆放上桌椅，供应冷饮、简易西餐。而侍应生不再用那时都在用的男茶坊，虽然他们上菜、算账、收钱能力很强，但为了显示走在潮流前端，爷爷把服务生全部换为女招待员，加上重庆的美女本来就多，所以招聘来的女孩子们都穿西式白衬衣和深色长裤，这在当时很前卫。开张的时候在附近街道上派发欢迎券，前三天免费吃瓜子、喝茶水，目的是请附近的人来参观。正式开张后，生意特别好，夏天主要供应冷饮、汽水、冰淇淋、西瓜汁、冰绿豆汤、薏仁、桔饼、瓜砖等，简易西餐有牛排等。那段时间的餐馆每天高朋满座，生意相当兴隆，每天的营业额有 3000 多元。餐厅外面除了花园还有一块空地，准备开电影院。每到周末，爷爷常带“四大金刚”到那里玩，股东在那吃了东西只需记账就行。

当时由于日本人把战略重心转移到了太平洋地区，蒋介石有了喘气的机会，他开始注意重庆一些非常细小的事情，比如小学女生头发的长度、垃圾桶的摆放位置，他都做了规定。值得一提的是重庆的饭馆兴起卖冷饮，有次蒋介石看到后，很不高兴，认为这样的吃喝方式没有一点支援前方的气氛，是不良社会风气，于是下令禁止所有饭馆销售冰淇淋、汽水等食品。

抗战时期，重庆的饭馆生意反而很火爆，这是因为很多中产阶级跟随国民政府来到了重庆。但由于蒋介石的干涉，报纸上开始抨击饭馆这种火爆现象：“前方吃紧，后方紧吃！”就这样，当时的警察局长唐毅跑来指责一心花园“恐有奸人聚结生事……”结果这个有许可证、营业执照，并且经过合法手续开办的餐馆，只能改为经营旧式传统的茶水生意，也就是以前长亭茶馆的经营模式，虽然茶具、瓷器很高档精美，但生意一落千丈，一心花园没过多久就停业了。

前面提到过外公被抬上轿子参加迎春大会，而在几乎相同的时间，爷爷也遇到一回类似的事。大约是 1943 年 10 月 10 日，国民政府的国庆日，也叫“双十节”。重庆市政府按规定组织大游行，各个单位都拉队伍出来，爷爷所在的重庆警备司令部司令李根固不愿抛头露面，就让爷爷代表他去。那天我爸刚好和几个同学放学走在路边，看到爷爷骑着高头大马走在整个游行队伍的最前边，靠后的两侧分别是重庆警备司令部宪兵三团的团长和警察局局长徐中齐。后来爷爷在家里说，临游行前，三团团长和徐中齐及爷爷三个人互相推诿了半天，谁也不想走在最前边，最后那俩人说爷爷年龄最大，就该他在前头。那时孙元良（国民军抗战名将，台湾著名演员秦汉之父）还没调来，由于蒋介石始终不信任李根固，不久就把孙元良调过来任重庆警备司令部司令，原司令李根固做了副司令。作为李根固的副手，孙元良到任后，爷爷感到不受重视，就在那里挂个职位，主要精力用于经商。

在家庭生活方面，说几件有关爷爷后来娶太太（第四任）的事。她叫李琼若，是位漂亮的女士。

李琼若出身其实不低，她父亲是清代官僚，只是后来家道中落。在家里，包括奶奶生的孩子在内，所有的孩子都喊她“娘”，喊我奶奶为“太太”。在夏天，这个“娘”的妈妈（也跟着爷爷一家人过）经常晾晒她们自家的清朝官服（这些宝贵的古董衣物在“文革”时被抄家抢走了）。孩子们喊“娘”的母亲为外婆，这老太太手里有很多值钱的古董，经常接济我爷爷，她吃斋念佛，很平和。

爷爷与奶奶生有8个孩子，与李琼若奶奶生有7个孩子，其中有3个男孩的名字是用“礼义廉耻”的前三个字。因此，老八叫李朝义，老七叫李朝礼，老九叫李朝廉，第四个字“耻”不能用，爷爷就给老十起名李朝杰。

不得不提一下二伯在广益中学的两件很有意思的事。这个学校的学生大部分来自上层家庭（也有贫困人家的孩子，但他们都有奖学金）。因为当时处于抗战阶段，蒋介石政府搬到了重庆，所以这个中学里有很多高官、富人的后代，他们最时髦的休闲生活是跑马，这得花不少钱。二伯对此很有兴趣，很多零花钱都用在了这上面。那时广益中学外有条公路，汽车很少，所以他们就在那条公路上跑马，让马飞奔着从眼前跑过，然后飞身上马，再变换不同的姿势，随后匍匐在马背上快马加鞭。让马尾飞起来是他们追求的最高境界。一天，一个男孩又在玩这个造型，马正跑得飞快，突然迎面开来蒋介石的车队，那男孩子一下惊慌失措，不知该怎样驾驭马匹，结果连人带马向车队冲过去，可怜的马当场就被撞死了，男孩的手臂给摔断了。当时坐在车里的蒋介石的卫兵看到有人骑马直奔而来，以为有刺客，正想举枪射击，幸得蒋介石眼尖看出马背上只是个十二三岁的孩子，就制止了卫兵。

彼时广益中学有个英籍教师叫霍尔德，他在学校很受男生欢迎，也很能和当地人打成一片，连不是广益中学的大伯都跟他很熟。有一次，霍尔德和大伯等几个学生骑车去郊游，大伯没自行车，跟一个叫费尔卜的外国人借了一辆。由于道路颠簸不平，回来时车子坏了，大伯不敢还回去，霍尔德便找人给焊接好还了回去，大伯担心地问他费尔卜有没有不高兴。霍尔德说：“他说原本就是坏的，没什么。”大伯心里明白，那个人是基督徒，他的心地很善良，怕中国孩子深感不安，就说车子原本就是坏的，其实大伯当初借到的是一辆

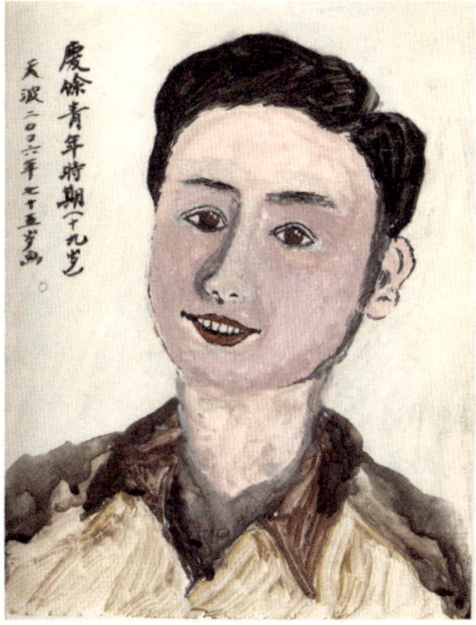

左图 爸爸在广益中学时的照片，霍尔德提供。
右图 妈妈根据爸爸在广益中学时的照片画的画。

崭新的自行车。这个霍尔德，爷爷奶奶跟他也很熟，还送给他一尊千手观音菩萨像。

03 为抗日身份不暴露，李老祖拒儿子撤离

此时天津的李廷玉，正经历着朝夕相处的朋友、同志的悲伤。

与他并肩进行地下抗日工作的李墨元暴露了，此时正被日本宪兵队到处抓捕。幸亏李墨元跑得快，没被抓到，但他的妻子被捕了。关押期间她坚决否认认识李墨元，可日本人不甘心，对她实施了酷刑：灌凉水、坐老虎凳。李妻昏死过去多次，但就是不承认自己是李墨元的老婆，最后日本人把她释放了。看到儿媳的遭遇，李墨元的父亲李云卿做好了坐牢的准备，幸运的是日本人没找他。不久，李墨元传消息给李廷玉，说他已经成功到达重庆大后方，请李廷玉在不暴露自己的前提下，继续领导华北地区地下抗日的工作，且说：“‘中央’对你倚任甚专。”

妈妈临冯骥才《五月·清澈》。这时的李老祖，已经估计到了日本投降的末日即将来临，对他来说，一切在逐渐清澈中。

就是在这种日本人四处寻找城内所谓反抗势力的恐怖气氛下，李廷玉继续着他的冒险工作。

在重庆的国民党党政人员时子周派人来秘密商量，请李廷玉的儿子李邦翰迅速撤到重庆去，但李廷玉觉得不妥。他认为如果儿子突然离开，就会走漏风声，自己肯定会被捕，不如镇定地先让一切如常，这样日本人反而不会怀疑。

时空大地毯上的回望

1942 年到 1944 年这段时间里，在这块时空大地毯上，我们家的三位祖先都与重庆有着千丝万缕的联系。

如果李廷玉暴露了华北抗日宣抚主任的身份，那么他或他儿子就会转移到重庆。

而外公杨露为了刘文辉的利益，在西昌时时刻刻与来自重庆方面的国民党干部“打太极”。爷爷李孟凡在重庆苦苦经营，随着川系靠山、老同学刘湘的去世，他的房产和经营的买卖逐渐受到蒋系官僚的打压和侵占。因为娶了两房太太，生了很多孩子，一大家子人等着他养活，可是越来越艰难，他惊恐地开始尝试从自家花园的鲜花中提炼精油，还尝试养猪、做饴糖，但都失败了。

爸爸退休后的业余生活。

妈妈 68 岁时参加大学同学在云南的聚会，并画下了当时的情景。

妈妈参加了大学同学在云南的聚会，并画下了当时的情景。

妈妈参加了大学同学在云南的聚会，并画下了当时的情景。

第十一章

妈妈画的街景。

01 便衣错抓外公喝茶，红岩叛徒释放报人

1945年，外公刚监督、检查完各乡镇的道路拓宽、修整工程后，就收到刘文辉的调令，让他去西康省宁属屯垦委员会担任委员。“宁属”是指包括原西昌专区各县的部分，是西康省府的派出机沟，代表西康省政府行使职权，以便对付西昌行辕。到了那里之后，外公主要忙于筹办、发展当地的边民教育。外公建立了几个边民学校，学员以自愿求学的少数民族子女为主，学习汉语、彝语、历史、地理、生物、农业、畜牧、数学、物理、化学等初级知识，学制为四年。还在西昌、越西、冕宁境内各设立了一所试点学校，派了教师，拨发了经费。外公还曾参加过西昌北山边民学校的开学典礼，讲了话，勉励他们努力学习。学生只有20多人，教师3人。结果刚到年底，外公又被调回省训团任训练委员。1946年底，又被刘文辉调到成都筹办《西方日报》。

对于《西方日报》的创办时间，外公在回忆录里认为是1946年春，他给刘文辉写过建议书（建议书中提议注重民族工商事业及文化事业）。不久，刘文辉就通过刘元瑄回复说：“有的可以缓一步，有的可以马上办（指《西方日报》）。”其实，《西方日报》的创办没这么简单。

前文说到刘文辉靠种植鸦片获利赚取军费埋下了隐患。早在1945年，西康省内就爆发了“雅属事件”。因强制种

植鸦片，刘文辉部下与地方农民发生了“武装斗争”，并呈地域扩大之势。

事情发生后，蒋介石一头雾水，正碰上内战打得不顺利，所以再怎么不喜欢刘文辉，也不想在这时换人，不想后方不稳，于是专门派特务调查此事到底有无共产党在其中组织。而刘文辉这边开始也怀疑是蒋介石在搞鬼，因为西昌行辕、重庆卫戍司令部、军事委员会等部门及重庆报纸都支持西康的武装斗争人士，导致散居外地的西康人看到了报道后民愤极大。武装冲突历时 19 个月，因此在成都这样的大城市办一份自己的报纸是理所当然的。

在此焦头烂额的情况下，刘文辉开始着手让有过办报经验的外公做《西方日报》的发行人、社长、总主笔，总编是许成章。临出发去成都前，外公和总编、副总编一起去见刘文辉。刘说：“叔咸（外公的号）过去在成都办过《新新新闻》，对成都新闻界的人士熟悉，而且是国民党党员，能够应付那个环境，许成章（总经理）、王长礼（经理）做你的助手，遇事和元瑄商量，但对外不能说是我办的报，你们就准备到成都去吧。”后来当外公跟刘元瑄提议请他做董事长时，刘元瑄没说话，算是默认了。转天外公和保安处王靖宇说了此事，王说：“主席叫你去，你还能不去？你就去吧。”

他们租了成都中东大街一个平房独立院落为营业部，新南门王家坝平房两院为编辑部、印刷厂及宿舍。他们还聘请了大量的外省资深报业编辑记者（副总主笔杨可诗及几个编辑是中共地下党员，总编辑陈落是民盟成员，其他是无党派人士），加上印刷精美、内容真实，转载中央社的稿子很少（只转载战况），所以销路很好，很快就突破 5000 份。这个销量在当时就可以自给自足地维持下去了。但《西方日报》说到底是个中间偏左的报纸（这是刘文辉定的基调），报纸的畅销引起时任省教育厅厅长陈筑山的注意。他多次跟外公说报纸上的文字有问题，还说外公的报社里应该有共产党。

外公说绝对没有，都是有保人的，不会有问题。中央社也在抱怨《西方日报》转载他们的稿子太少。

这种自认中间偏左的报纸，有时也会遇到难办的报道。比如 1947 年的重庆“抢米风潮”，主要起因是奸商囤积，但中央社通讯稿总说是共产党有组织、有预谋的。外公见状写了短文《以组织对组织》刊登出来，大意是国民党就有很多组织，为什么不能用这些组织提前去预防这类事件的发生呢？结果此文发出后，国民党说他帮了共产党的忙，而共产党说他在给国民党想办法、递点子，总之两头不讨好。外公说这类情况多得很。

原本这样的办报生涯是外公最惬意、最想做、最内行的，他年轻时的梦想就是当一个“文艺男青年”。但好景不长，1947 年的某一天，清晨 6 点多，外公坐着黄包车去见李万华（要钱买纸），一出门就见两个人追上来叫着：“经理！”外公停下说自己不是经理，是社长，问有什么事。这二人（“牛头”“马面”）表情很怪异（外公在回忆录里用的是“流里流气”一词来形容）地说：“想请你到顺城街茶馆去，王先生请你去。”外公问：“哪个王先生？”对方说：“你见到就知道了，我们是茶馆的幺师。”二人边说边靠上来，一边一个紧挨着外公。外公见不去不行，就答应了，但让车夫在后面跟着，怕是绑票的。走到顺城街时，“牛头”说：“看时间王先生应该已经去了贾瞎子（竹琴师）茶馆了。”就又挟持着外公往贾瞎子茶馆走（车夫继续跟着），外公提出走西域街（那里宽敞人多），然后与他们边走边闲谈。外公一直说：“我是《西方日报》的社长，没钱发薪水，今天是找董事会要钱，我自己受穷没关系，但编辑们和印刷工人要吃饭的，不能耽误发薪水。”但那二人也一直说等见了王先生再去不迟。没办法，外公只能跟着他们走，西域街走完了，他们又说：“王先生现在到少城公园了，他说过的。”外公只好说：“从半边桥去吧，近点。”“牛头”说：“我们从祠堂街大门进去，好走些。”于是几个人走到了少城公园大门口，就在同时，街边有个人喊走了“马面”，嘀咕了一会儿，“马面”回来说：“王先生不在公园了，下次再会他吧，你现在就去找你的董事吧。”外公即刻明白了他们是特务，于是立马登上一直跟着他的黄包车向牌坊巷跑去，目的地是张凌高（华西大学校长、外公的璧山同乡）家，想借他家的电话通知许成章赶快离开报馆躲起来。但张家电话坏了，外公赶紧又跳上车向李万华家跑去，那条路向北是上坡路，车夫跑不快，急得外公不得了。

妈妈临马蒂斯的雕像，感觉这座雕像有特务“马面”的神韵。

等到了李万华家，李正在刷牙，外公话都没多说，直奔电话机而去。报馆那边接电话的是刘元瑄，当外公说让许赶紧跑时，刘慢条斯理地说：“许成章被一个姓王的叫去茶馆了，叶文杰（《西方日报》印刷厂厂长）同他一道去的。”外公听罢长叹一声说：“肯定被捕了！”刘回答说：“等到天黑不回来，那才准确证明被捕。”外公说：“我看凶多吉少，咱们分头打听打听吧。”刘回道：“我让编辑部的主要人员白天躲一下。”王长礼在刘旁边说：“今早6时，也有两个人到编辑部找陈落，但陈落三天前坐飞机回上海看护生病的母亲去了，他们失望地走了。”刘元瑄这下才意识到了什么，说：“我们分头去摸下底吧。”到了晚上，许、叶两人都没回来。

外公第二天一早就去警备部稽查处找副处长吕上功（刘元瑄也去找线索了）。吕是外公中学时的老同学，黄埔生。吕见外公来，立刻拉他去街上“走走”。来到街边，吕叹口气说：“都这个时候了你怎么还到稽查处来哦？他们决定抓捕你和许成章、陈落，我说向例抓捕经理和总编辑，社长留在后一步，才把你的名字勾销掉。现在你们最好主动停刊，否则机器、财产都保不住！你以后最好到家里来找我，不要到稽查处来。”外公一听唯唯称是，连带问：“人关在哪里？”吕说：“将军衙门。”外公问：“谁在主持？”吕说：“杜石公（原新四军五师参谋长被捕叛变后成了中统特务）。”外公听了心想：“杜石公跟我很熟啊。”临分手时，外公和吕上功说：“逮的这两个人都不是共产党。”吕边往回走边说：“这不一定。”外公也顾不得他怎么想，赶紧回报社与刘元瑄商量对策。大家最终决定第二天宣布“本报修理机器暂行停刊”，当晚转移编辑部主要人员，夜里用汽车将大部分人送往雅安，那里有刘文辉的《新康报》，外公留下营救许成章和叶文杰。由于解放大军即将入川，王陵基（雅号“王灵官”，国民革命军陆军上将）受特务指使疯狂杀人，外公很害怕许和叶有危险。

至于营救步骤，外公首先想到的就是去找杜石公，因杜是外公在28军7师部工作时的同事，那时杜是地下共产党员，和外公很有交情。杜离开28军军部后就到新四军5师任军部参谋长，“皖南事变”时被捕，此事在当时的《中央日报》上有大标题报道。

外公觉得一定要尽快联系上杜，可他平时很少出来，又不知他的电话，还不能直接去将军衙门找他。想来想去，外公想起一个叫黎时雨的人，此人是外公在马毓智师部第3混成旅长周世英部工作时的同事，是杜石公的至交。于是外公去找黎，请他约杜当晚在黎家聚会。三个人晚上在黎家见面，久别重逢，大家都很高兴。那晚黎太太做了几个菜，大家喝了几杯，畅所欲言，不久就谈到了被捕的许和叶。杜石公对外公说：“我从许成章和叶文杰口里早就知道了你的近况，叶文杰这人原本不在逮捕名单上，是他稀里糊涂跟着许成章来了，哈哈哈哈，你说笑不笑人嘛。”外公说：“我是向你保人的，我可以保证他们俩都不是共产党。”杜答道：“我已经审查过他们，两人思想认识都差得远，还不够共产党员的资格。不过目前还不能保释，还要经过一些手续，将来到可以保释的时候，我再告诉你。你放心，他们没有危险。”三人一直聊到晚上10点多，最后约定每隔两天见一次才散去。

大约一周后，三个好友再在黎时雨家夜会时，杜石公对外公说：“叶文杰明天可以释放，但需要找个铺保。”外公说没问题，他去找。叶出来后，和许成章的太太说许在里面挺受优待的，没受什么罪。听闻此话，多日忧愁的许太太脸上露出了一丝笑容。大约到了 8 月下旬，杜石公跟外公说徐中齐（此时调到了成都任省特委会秘书长）回来了，他点了头，准许成章取保释放。外公急忙叫手下王长礼、邹汉良去办手续。隔了一天，许成章回来了，许太太和孩子们高兴极了，还办了酒席给许压惊。转天，外公让许成章负责料理报社的善后事宜，并搬到王家坝去，保护好机器和物品、家具。东大街营业部顶给了一个商人，这样能节省不少房租费用，等待时机复刊。

妈妈临摹陈半丁的《捕八哥》。这一章外公和报社的同事都遭到国民党特务的追捕，想来都是“捕”，不管是八哥还是外公他们，万物有灵，实质都一样。

就在热爱办报、不死心的外公还惦记着恢复《西方日报》的时候（大约是 1948 年 8 月 25 日），外公路过盐市口，巧遇《西方日报》的杨姓女记者，她细声对外公说：“你怎么还不离开成都？还在街上来来去去的？立刻走，王陵基决定捕你了！就走，不要回报馆了！”外公见她神色如此惊慌紧张，立即下决心逃走。他先去附近的警察分所找所长外甥王朝辅。外公见到他二话不说就叫他带去青石桥搭车前往雅安。上车后，外公悄悄和王说：“你现在不要去告知舅娘（我外婆），晚上才去说我去雅安了，以免特务追捕上来。”就这样，外公在匆忙中离开了成都，到当时相对安全的雅安的刘文辉大本营去了。不久，外婆就给外公写了信，说他走后第二天就有特务到报馆来找外公，并把外公的手提箱和书籍都抄走了。

外公到达雅安后，转天就向刘文辉、刘元瑄详细汇报了营救许成章的经过和自己逃出成都的情形。刘文辉听后说：“好，好，你今后就以省府顾问名义，住保安司令部，协助治人（王靖宇）、俊林（刘云瑄），今后有许多的事情要办呢。”到了 9 月下旬，刘文辉决定不恢复《西方日报》了，刘元瑄立即电告许成章看机会变卖印刷机、撤销《西方日报》，“资遣员工后回雅安”。

这时的妈妈特别喜欢逗她的一个小表弟（她舅舅的孩子），叫廷勇。因为妈妈说他有一双特别大的眼睛和特别长的睫毛，妈妈总是对他喊（四川话）：“廷勇！廷勇！看天上有撒子（有什么）？”这时廷勇就会抬起大眼睛望向空中，然后妈妈就能清楚地看到他弯弯长长的眼睫毛了。

02 爷爷友范诞生被毙，家庭生意走下坡路

抗战胜利后，爷爷一家买了捍卫新村的地，房子越换越小。这原是民革王昆仑的房子，正房是拆了重新盖的，佣人的房子是修葺过的。捍卫新村那一片的房子都是抗战时期修的，全是一户一院的平房，有院坝，有小花园，院墙都是用斑竹编成的篱笆围起来的，由于竹子很细，所以能编得很密，想抽出一根竹条来都不可能，刀也砍不断。

那时的斑竹很多，所以很容易得到。有的人家在竹篱笆下种些喇叭花，花藤会长到篱笆的最高处，到春季时，整面竹篱笆开满白色或粉色的花。爷爷的这个院子也有院坝，坝下有个斜坡，他种了 4 棵泡桐树，长得很快，一年后就能遮荫乘凉了。爷爷还在围墙边种了一株铁树，但很快就枯死了，没再管理它。但在 1948 年时，这株铁树突然复活了，爷爷认为是个好兆头，那年大伯和二伯果然都考上了名牌大学，一个考上了华西大学，一个考上了北洋大学。

捍卫新村当时住的都是中产以上阶层的人，所以整片区域都是一家一院的院坝平房，虽然鸡犬声相闻，但大家很少来往。爷爷家前面的院坝里住的是一位少将，经常停有一辆吉普车；后面的院坝邻居是重庆警察第二总队大队长，对人很客气，每年过年他都会给邻居们送点礼物（食品）；再后面是重庆社会局局长范诞生，他的房子是个小二楼，围墙是

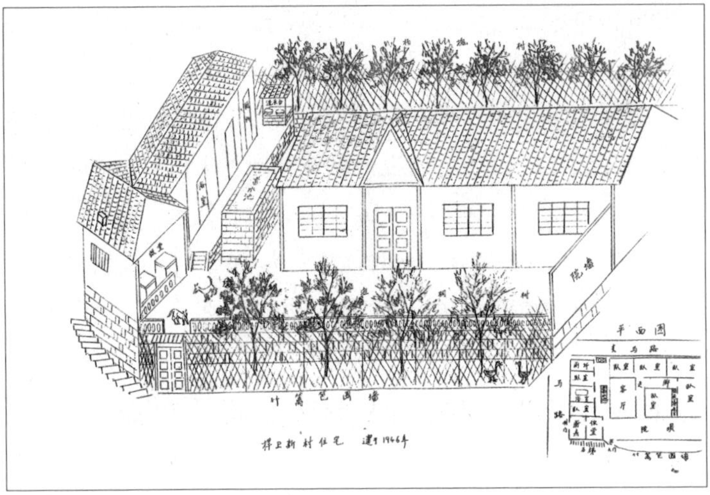

重庆捍卫路 141 号草图，大伯李汉铺画。

较高的砖墙。范原是共产党，后被俘，转效力国民党，在杨森手下工作，新中国成立后被抓并以叛徒罪判处死刑。

此时的爷爷生意开始走下坡路，虽然经营大东宾馆挣了些钱，又在解放碑买了一座两层小楼铺面（租给陈华清医生做牙科诊所），但在一次金融交易中损失掉很多钱。这时爷爷的檬子园也已经没人住了，那里的 30 亩地都交给原先的看门人老姜去种了，爷爷不收他的地租，老姜每年就把自己养的猪杀了卖给爷爷家过年吃。

这个时期，虽然爷爷家的佣人减少了，但院坝和其他几处庭院一样干干净净，从来不乱堆破烂，即便是修理房子后，也是片瓦不留，室内的床底下也不放任何东西。这时家里只有两个女佣人，而且她们主要是上午干活。家里有一个厨师，会做川菜和广东菜，手艺很好，是历年家中聘请的厨师中爷爷最喜欢的。大伯曾看着他做叉烧肉，才知道是把肉泡在各种调料里，然后油炸，而不是叉在铁棍子上烧。家里男孩子多，食量大，那时的牛肉比猪肉便宜，所以爷爷家经常吃番茄炖牛肉，每次买 10 斤回来，因买不到特别大的铝锅，就用五加仑的汽油桶炖牛肉，基本上是一顿吃光。还有家里做的汤圆，馅料有黑芝麻、生猪油、生鸡油、核桃、瓜砖、桔饼、花生米，大伯说比成都的赖汤圆好吃；爷爷家自己做的麻婆豆腐，大伯说比成都的陈麻婆豆腐好吃。后来这个厨师原先的雇主写信请他回去，他就回上海去了。

几个孩子想在捍卫新村的这个小院子里养狼狗，爷爷便向一个绅粮（地主）要了一条，结果他送来了两条小狼狗。这两条狼狗很管事，家人洗的衣服晾在竹篱笆上，晚上不收也不会丢。爷爷生了这么多儿子，按照当年的制度，是要“出壮丁（去前线打仗）”的，但爷爷家的男孩一个都没去过，因为爷爷通过花钱不让儿子去当兵打仗。

家里还养了鸡和两只小鹅，喂城里的莴笋叶。过年时一只炖汤，一只与腊肉一起腌。有一次杀鹅时，爷爷坐在院子里看，其中一只鹅“扑啦啦”连飞带跳地跑了，奔向江边……爷爷叹口气说：“这个家要败了。”

03 冈村宁次李老祖晤，电蒋张廷谔贪无果

1945 年，在北方日军占领区的李廷玉老祖迎来了日军撤退的日子。日方请身为华北宣抚主任的他接收各地，但李原先预判日军还能撑半年，所以毫无准备，只好和美军联系，请他们先来。随着美军到达天津，李廷玉也陆续将手里能用的兵力安排驻扎在了北平、天津一带，然后他和冈村宁次商量制定接收办法。首先是让日军负责维持秩序，再令伪市长周迪平及警察局长担任防守。就在这段时间里，八路军要占领天津，他们先请日本人让防，日军回复说没有蒋介石的命令不能撤走。八路军见状，意图强攻，某天夜里计划强攻进城，周迪平告诉日本人，请他们全力抵抗，不料那夜下着倾盆大雨，李廷玉原话是：“八路未能如愿。”

那天之后的一段日子里，美军和国军陆续进入天津，这

之前李廷玉能组织的部队有皇协军（日伪军），首领是王德凤。另外还有赵虹飞、韩扬抗战军约 20 万，李老祖令他们都各守防地、静等收编。11 战区长官孙连仲到北平时，李写信给他告知详细情况，孙连仲的参议高卓东回复说，孙力主尽量招收（闲散部队），很快会派人前来点验发饷。

说到尽量招揽各路武装，李廷玉还无法完全按照孙连仲说的办，因为此时天津有很多杂牌军，各自都设有军部，四处骚扰百姓。有个叫李卓雄的自称“中央”第 3 军总司令及军长，胡乱委任校尉 500 多名，与汉奸为伍，得到不少赃款。这些人李是不想收编的，等到李廷玉在回忆录里称其为“盟侄”的杨钟及李选之师长到天津后，前来向李廷玉问策，李老祖主张杀掉李卓雄，各杂牌军自然会解散。李选之师长和杨钟说：“李之符号为‘中央’第 3 军，可否下手？”李廷玉回道：“此土匪也，不必多虑。”当晚四更（半夜 1 点到 3 点），李师长派兵去捉李卓雄，没捉到，但逮住了伪校尉 400 多名、匪兵 1000 多名，用卡车拉到郊外。“除枪毙者外，均逐之出境。是日各司令部一扫而空。”（李廷玉原话）

不久，国民政府派来了新的天津市长，李老祖在回忆录里却这样写道：“闻蒋派张廷谔任市长，余拍电谓此人劣迹多端，绝不可用。张到津三日，即收紧烟局，得款三十数万，又烟土千数百两。另收市民银行，不知得贿若许……张封平衡仓库，封前门，而后门盗卖物资，历时一夜，方运罄……”（《天津文史资料第四十四辑：李实忱回忆录》第 132—133 页）

不久，时子周（民国天津市参议会议长）来访，并希望李廷玉受任党主委及党政接收委员，耿直的李老祖回答说：“可。但张贪污已现，不可同流合污。”时子周默默点头，但并不见实际行动。李廷玉见状又给蒋介石拍电报：“请立毙此僚（指张廷谔），尚杀之稍有含冤，情愿以身命抵之！”很快，某天晚上时子周带着监察使李嗣璁来找李廷玉谈。因为李老祖拍电蒋主席（指蒋介石）交李宗仁查办，而李又交给李嗣璁主持，所以特前来晤谈了解真相。李廷玉详细讲了张廷谔的种种事情，李嗣璁说："溺职罪轻，贪污罪重。"时子周说："'中央'主留日本技术人员，已备任使。张留日数十人，日官在津者，开一单来，谓所谓皆大商，不解我国用意。此单可为贪污证否？"李嗣璁说："甚确。"三人都对这样的商量结果很满意。

过了几天，宋子文到了天津，李老祖以为张廷谔会被查处，可没几天报纸上说宋子文离开天津了，而李嗣璁从此不再提张廷谔的事。李廷玉又听说吴鼎昌来天津拜访过张廷谔，自此张自认为有靠山，贪污起来更明目张胆了，简直是天津的一大祸害。

又过了一段时间，国民党要员张继和鹿钟麟来到天津，张先来拜访李廷玉，请他去开座谈会，李老祖答应前去。到了会上，李廷玉发言讲了张廷谔的种种行径，例如盗窃仓库物资问题，他说历时一个白天加一晚，前面封门，后门倒卖："所卖何物，得款若干，款存何处？据日人云（讲），库存等项可供津二百万人三年取用，此事不可放松。"鹿钟麟听了说："此辈至为可恨，吾虽无杀人之权，查明吾敢杀之。"随即宣告散会。

这之后李老祖又揭发了盐务局长刘宗翼和天津警备司令部稽查处陈仙洲等人的种种不法行为。李廷玉在回忆录里说稽查处处长陈仙洲[12]搞到的赃款最多。另外，课长邓廷琼居然说李廷玉的汽车"为汉奸所有"，就直接把李老祖自家的汽车给开走了。经过李廷玉数日追讨，才给弄回来。后来陈派甘舍堂（中统特务）来道歉，此事才算平息。

1946 年 10 月，时子周从渝飞来天津当面和李廷玉说，主席（蒋介石）决心还政于民，促时子周尽快组建参议会，最好 10 月 15 日就开国民代表大会。时子周当时对蒋说参会手续繁杂，恐怕赶办不及。蒋介石说："可不办选举，但开名单，即行批准。自应立即着手。"时子周的意思是天津地

12 电视剧《潜伏》中情报站站长吴敬中的原型。

方的自治由李廷玉来任办，李老祖以年老为由推脱，但时子周说："他人招呼不动，必须勉为其难。"李廷玉见状才开始操办此事，随后以"天津自治协进会"的名义报给社会局。过了很久，此局某科长来信说请李大爷去面谈，李老祖就去了。到那才发现没人接待，他到各科去问都说不知此事。第二天，某科长来电话约下午面谈，他又去了，结果和昨天一样，还是没人接待。李老祖有些气了，找到局长胡梦华质问怎么回事，胡局长说并没邀请他去，李廷玉说必须把发函及打电话的两个人找出来。结果那两人来了，李老祖问："何以不接晤？"其中一人说："公办自治，发起者十九人，今新章程须三十一人，且有一表应填。"李问："新章发表否？表已给我否？"那人回答："未。"李说："汝（你）未办余（我）岂能知，可将表交来。"然后李廷玉跟局长说："汝可令其拟批。"胡局说："是。"然后李老祖继续追问："通电（电话）人有何事？何以约余至竟不出面？"李老祖在回忆录里这样描述那人的表情："渠（他）如木鸡，不一言。"李廷玉见状训斥道："汝等鬼祟，余尽知之，但阻办自治，决不可能。"局长听罢开始道歉，扶着李老祖上车。

回去后等了很久没有音讯，李老祖发信给胡局长请他来家里面谈，但对方打发一个专员来，说胡局去北平了，李说："你们胡局长和张廷谔（市长）都不想我来办这个自治会，但你们如果不批我自另有办法，只再等三日！"对方说明天就能批下来了。转天倒是批了，但回复说甘舍堂、齐协民申请在先，你们可以合在一起进入筹备阶段。李廷玉心里明白，甘是刚到天津的外地人，不可能在他前边递交申请，这是上面要在天津自治会里强迫安插中统的人。

转年，甘舍堂因贪污义生公司钢丝五盘，被中统人员王连柯举报到法院。在自治会里，李老祖一直追问甘贪污一批布匹款项的下落，让他要么交出贪污的布匹，要么吐出卖布的钱财，且让甘辞掉理事长之职。甘回复同意李廷玉任理事

妈妈临冯骥才《七月·激荡》。此时的天津局势真可谓波涛汹涌，好似一切都在动荡之中……

长，但他要任常务理事。后甘的继任区长（甘原职是天津某区区长）蒋海溶想夺回自治会理事长的职务，被李廷玉拒绝。后李老祖见甘的贪污问题没有任何实质进展，就把此事“函请法院究办”。不久，报纸上出现以李楚涛、黄雨青、傅立中、王毓彤、王伯伦、魏鸣先以分会理事的名义，指责李廷玉诸多非法之事，并指责李自称理事长，但又擅自增聘并开除理监事。李自知这是信口雌黄。不几天，甘的人齐协民求时子周向李解释，见不奏效，又宴请与李相熟的朱佑衡、温士源、王连柯、蒋梦朴、富健康等人，希望他们跟李廷玉做缓和工作，都被李婉拒。转天齐直接前来请求宽恕，并要求自治会会议圆满解决，但李还是决意登报揭露甘的贪污事实，“俾（使）社会明此真相”。

蒋介石一方面作出“还政于民”的姿态，一方面又想全面掌控自治会，让李廷玉这样对“还政于民”抱有幻想的乡绅，与蒋介石强行渗透进来的中统人员展开了一场认真的斗争。

对于李老祖向法院起诉甘贪污的事，甘的人蒋海溶去找中统副局长郭紫峻，因他被派天津任市主委。郭到了天津先去拜会了李廷玉，且大义凛然地说：“蒋（指蒋海溶）等胡闹，当自抑制，一切请放手为之。”然后又让朱佑衡、温士源、王连柯、齐协民来疏通（不要起诉甘），齐更是保证郭去北平述职回来后，会更有相当的办法，李老祖见状说可以等。等到郭回天津后，没什么动静，李老祖问齐：“办法安在？”他说：“二三日内自有回复。”然后五六七八日后还是寂静无声。

后来甘的人不断地说服李廷玉撤诉，李坚决回道：“案由大会公决，不能推翻。甘犯侵贪污两罪嫌，案为刑事，不便撤销，凡有法律知识者，皆知诬告只有反坐，无自行撤案专条。”那些人又说：“此事吾等设法，公可不劳神。”又想让登报诬陷李廷玉犯法的 6 个人前来道歉，李老祖耿直地回道：“此辈无足轻重，无须见我。”然后又质问齐协民：

“汝言郭（紫峻）回决有相当处置，且以人格担保，今竟如何？”齐无言以对。李老祖愤怒地继续说：“郭（紫峻）之所主，全系空言，可惜汝不知也。”众人劝道：“另有办法，公可待之。”然后大家散去。

再过几天，李廷玉说：“甘遁（甘舍堂跑路了）。”法院以证据不足对甘以不起诉处分。结果许汝骧知道李廷玉的脾气，说会申请法院再议的，便拉着李墨元来找李老祖，李墨元说如果李老祖再追究下去，法庭会因甘跑路而拘押许汝骧，许是他挚友，希望李廷玉能网开一面，且郭紫峻已经令蒋海溶等不再到会（天津自治协进会），并说：“乞看小侄面上，特别放宽。”见李墨元这样说，李老祖承诺：“不再上呈，事归了结。”“从此中统局人，不能在自治会捣乱矣。”（李廷玉原话）

时空大地毯上的回望

当重庆“中央军”稽查大队某连长强行进驻孟园的住宅、爷爷以袍哥大爷的名义头痛地与之周旋时，天津的李廷玉也在向国民政府天津稽查处的某科长追讨自家的汽车，同时还在与中统的人较量自治会的真自治。而成都的外公刚从警察局里救出同事，又发现自己正在被特务抓捕。显然，那样的时空里充斥着巨变和混乱的味道。

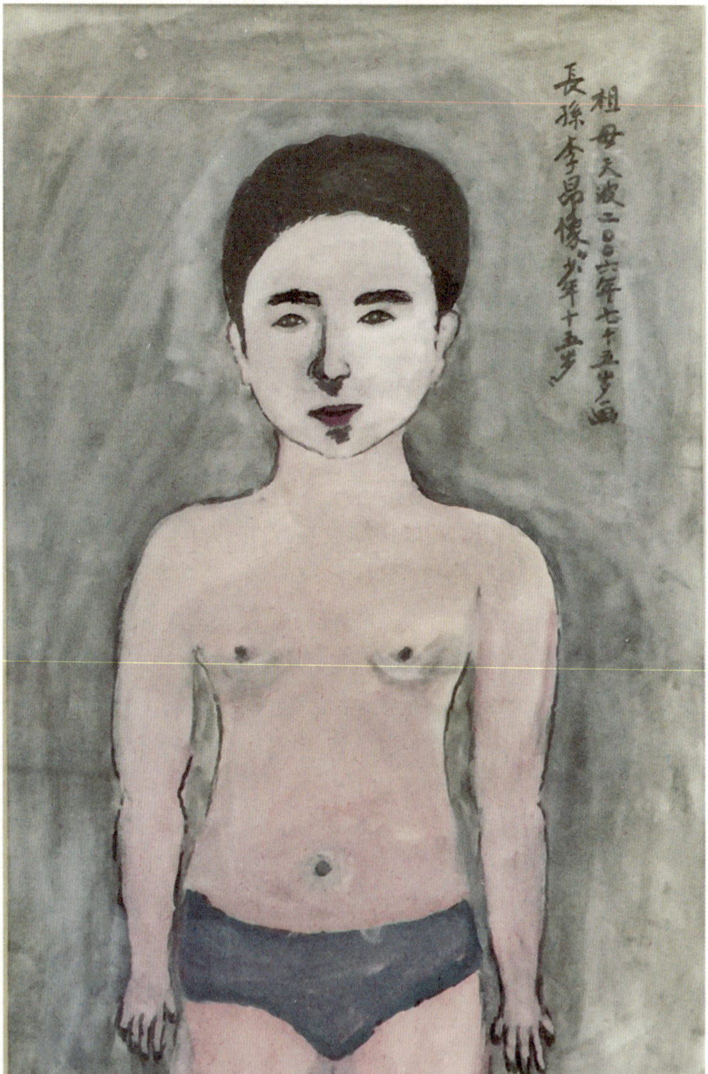

妈妈画他哥哥的孩子李昂。

妈妈根据外孙女在新加坡虎豹别墅里的一张照片画的画。

妈妈画她弟弟李欣的孩子李涵。

妈妈根据外孙女留给她的布娃娃“妹妹”画的画像。

第十二章

妈妈画的天津她家门口的小桥。

01 外公随刘文辉起义，刘元瑄扣捕徐鹏飞

1949年9月后，解放军已经兵临四川，蒋介石的部队一直在溃退，狼狈地逃到巴蜀一带，希望从滇缅方向撤退。此时蒋介石已经到成都，他想孤注一掷，最后再拼一次，但没想到解放军很快就拿下了汉中，从东面直逼巴蜀。外公回忆说，当时眼见着国民党官兵失去了斗志，但蒋介石的意思是希望继续打游击，实在不行再逃往台湾。而刘文辉对当时的局势有些暗喜。有一天，刘元瑄、王靖宇、外公在刘文辉办公室谈到目前的形势，外公说："胡宗南他们平时受恩深重，今天应该拼命守住陕甘，怎么一直节节败退呢？"刘文辉笑着说："这种情况下他怎么守得住呢？"听着老板这样说，刘元瑄、王靖宇、外公都有些高兴地笑了。显然，由于他们平时受蒋介石系统的排挤，对即将出现的新中国充满期待。

接下来的日子，刘文辉在最短时间里对雅属、康属、宁属都做了部署，且与延安派来的王某某（外公忘记名字了）同志进行了多次长谈，然后刘文辉就去了成都，到那与邓锡侯、潘文华商量采取一致行动的事宜。临行前，刘文辉嘱咐刘元瑄和王靖宇注意保持电讯联系。这时外公在雅安协助王靖宇、刘元瑄部署思想动员工作（关于起义），在军方展开了军官、军士的集训，还专门为这些人组建了一个"XX社"（名字外公忘记了），由杨家珍（黄埔军校第11期）参谋

长主持。

王靖宇则在行政和保安方面组成了“新民主主义研究会”，由外公主持组织培训。这个研究会吸纳了当时西康省的行政人员、地方人士及保安队中下级军官参加学习，以半公开的学术团体性质出现。外公先是根据《新民主主义论》《延安整风文献》《政治经济学》《社会发展史》及刘少奇的《论共产党员的修养》等书，编写了一本名为《革命者的修养》的小册子，印发后作为学习的材料（上述资料的提供者是原《西方日报》资料室的负责人、论著编辑杨可诗）。该会会长为刘文辉，王靖宇为副会长，外公为干事，张练庵为宣传干事。会员按照单位组成小组进行学习，一直展开活动到解放军 62 军和新西康主席廖志高到雅安后被解散。

为了起义，他们在思想上做了这些铺垫后，大家意识到自己所在的这个省将来会面临一个严峻的问题，那就是西康很穷。虽然 24 军和保安队的军饷及省行政经费原先一直是蒋介石政府发给，可一旦起义，军政军费立即成为一个大问题。于是刘文辉采纳了外公在 1946 年就写给他的一个军垦计划，先在保安队驻地试办，令部队就地开垦荒地，所得收益归部队自己。另在蒙山设立了大规模的军垦农场，由保安司令部直接管理，24 军此时也开始了试办。由于距离起义时间很近，军垦事项被列入考核成绩的项目，除了部队原先的训练外，刘文辉的部队此时大部分时间都花在垦殖荒地上，且逐渐向深山老林发展，这样的举措也是准备在退守时把那些地方作为山区根据地。

就在整个西康省机关中上层人士都明白刘文辉要起义的当口，有个新中国成立后人尽皆知的特务徐鹏飞闯进了西康省，他被广为人知源自小说《红岩》及电影《烈火中的永生》，还有近年拍的电视连续剧《红岩》。但这个历史人物并非如很多历史资料所说是在云南被卢汉扣捕的。

此说法源于沈醉（当年为军统局干将）的回忆录。沈回忆新中国成立前夕，他在云南被卢汉（当时为国民党军将领，抗战名将）扣押时，提到他为了表现积极配合，就把徐远举（徐鹏飞）供了出来："他们很称赞我这一做法，并劝我拿出全部的'本钱'来。我就把徐远举（徐鹏飞）、周养浩（沈养斋）、郭旭、成希超交了出来，把云南站大小20多部电台和外省迁往云南的10多部电台、武器，以及所有重要特务、潜伏电台、潜伏组织一起交出。"

沈醉的回忆录中确实提过在云南与徐鹏飞见过且描写过两人的对话，他的整个回忆录里，详细地写了卢汉逮捕在云南的国民党官员和特务的细节，记得还有张群，但就是没有逮捕徐鹏飞的细节。而外公的回忆录则提到，徐是被驻扎在西康大相岭山脚的24军黄泯铺（在得到王靖宇的命令后）扣捕的，同行被捕的还有十几人。徐鹏飞在重庆杀了很多共产党人，他正是刘文辉西康起义附带交给解放军62军军长刘忠、西康新主席廖志高的一个丰厚见面礼。

1949年12月10日黎明，刘元瑄、王靖宇收到刘文辉、邓锡侯、潘文华三人的联名起义通电后，整个西康和24军立即升起了五星红旗，换上了五角红星帽花（指24军将士），宣布召开"西康省临时军政会议"。该会议由西康省政府、24军、各民主党派及共产党代表组成，会议主席为刘文辉，副主席为刘元瑄、王靖宇，主任秘书为外公杨露，代表有刘文辉（代表整个西康省）、王靖宇（代表省保安司令部）、刘元瑄（代表24军）、杨家珍（代表24军）、外公（代表省政府）、胡立民（代表共产党地下党）、张志和（代表民盟，实为共产党）、彭迪先（代表民盟）、朱福祥（代表民革）、徐健（代表省田粮处）。会议做了以下决定并让下属工作大队执行：冻结银行资金、令各单位保管好档案财务、令所有政工人员缴械投诚、令24军和保安队照旧维持秩序、除解放军外其他部队一律不准进入西康。西康军队从这时开始算是起义了，同时命令成都、邛崃、康定、西昌等地的24军

左图　妈妈当年在大学里表演新疆舞蹈后的照片。
右图　妈妈根据大学演出后的照片画的自画像。

部队和保安队寻找、堵截蒋介石残余部队。此时的外公和罗家荣在邛崃水口一带组织了一个游击队，主要任务是联络当地土匪头目程志武、朱世正等地方武装，想说服他们投诚，但都没成功。

1950 年 1 月，解放军还没到达西康，刘文辉的 24 军决定截击胡宗南、王陵基残部。战斗在邛崃、名山、芦山最为激烈，打了半个月左右，雅安城区能听到枪炮声。后来随着刘邓的先锋连到达，胡王残部连夜撤走了。

此时妈妈正在成都读中学，放学见到过胡宗南的兵在街上走，带着大皮帽子。1952 年 2 月 5 日，北京派出的新西康主席廖志高、军长刘忠率 62 军到达雅安，整队入城，老百姓热烈欢迎。解放军接管了城防，临时军政会议、24 军、保安司令部分别向新主席办了移交手续，自此新西康省政府宣告成立。

1953 年经过新政府学习教育的外公回到邛崃，1956 年被安排任邛崃政协委员。外公在回忆录的最后写道："我的回忆就此结束。回忆在旧社会罪恶深重，没有给人民办多少好事！只是参加了起义，成为光荣的起义人员，得到党的教育和改造，成为新人，是可自慰而已！1985 年 5 月于北京初稿，时正 80 周岁……1991 年 3 月清稿，时年 86 岁。"

02 爷爷带千多人游行，《新华日报》整版报道

重庆依山傍水，有着两江交汇的大码头，也是南来北往客商的必经之路，加上"中央"政府曾把"首都"迁到此地，可以想象旅栈业是非常兴隆的。那时重庆的中、大型旅馆的房屋、设备都很好，价格虽高一些，但管一日三餐。重庆市旅栈业公会早在 1929 年成立于东华观；到了 1936 年，旅栈公会的入会者就已经有 800 多家，仅城区的旅馆就有 476 户。前文提到爷爷曾任重庆旅栈公会理事长，他一做就做了两届，此后一直是常务理事。

1945 年 12 月 1 日到 1948 年 4 月，曾屡次刁难外公的西昌行辕原主任张笃伦调任重庆市长。由于这个时期国民政府已从重庆迁回南京，市政建设资金得不到"中央"津贴，而张笃伦此时却很重视市政建设。他在任的短短 2 年多时间内，重庆完成了下水道、北区干路、和平隧道、和平市场等大工程。由于这些工程得不到蒋介石拨款，张笃伦就开始加税，征收"娱乐捐"——电影票、旅馆房捐附加 20%。这样的税对电影院来说没什么影响，一张票才加 5 分钱，可对旅馆业来说影响很大。因为重庆不再是陪都之后，旅栈业已不如抗战时期繁荣，再加收娱乐捐，旅馆老板有些吃不消，生意大受影响。于是老板们纷纷找到旅栈公会投诉，爷爷就以同业公会的名义组织了一场游行，大约有 1000 多人参加。重庆《新华日报》当天头版用大字标题整版报道了此事，且刊登了李孟凡及同业公会其他人在游行集会上慷慨激昂的讲话及照片。此后"娱乐捐"取消，张笃伦市长也没有为难爷

爷和其他公会成员。

1946年，爷爷家所在的捍卫路没有街灯，马路也很泥泞，尤其下过雨后，行人更是步履艰难，冬天晚上会出现不少盗窃事件。爷爷就找邻居杨受百等一起捐钱装好路灯、修好马路，还建立了一个冬防哨所，捍卫新村一带偷盗事件从此绝迹。

1947年，爷爷住地捍卫新村所在的保（民国时10户为甲，10甲为保）要购买枪支，保长吕集民家负责张罗捐款购置。爷爷觉得火警是最该优先考虑的，整个保区毫无防火设备，万一着火，生命及财产损失将会很严重，于是就征求当地民众意见，大家都觉得防火是第一位的，力主购买水枪16支、铁水桶32个，然后爷爷就买了。保长得知后很不高兴，说枪支是非买不可的，爷爷只好自己掏钱又去买了枪。爷爷督促吕保长安排民众演习、学习使用水枪，但被吕集民保长断然拒绝，那些东西一直被搁置着，没训练过一次，可见防火意识对当时的吕保长来说，简直有些大逆不道。

1948年，捍卫路下方的马路又被水冲坏了，自来水管裸露在外，爷爷见状很着急，因为往来车辆如果把水管压断，那么全村都将停水，如果再遇到火情，那就更糟了。于是他自己掏钱将冲坏的那段马路修好，附近的居民得知后自愿掏钱帮助解决后续资金。

1949年11月，解放军攻到重庆南岸，杨森的部队还想抵抗一阵，但很快退出。这时重庆国民党的部队已经撤走了，而解放军还没到达，处于无政府状态。爷爷为了确保他所在的保不发生动乱，立即召集本保众人商量对策。最后大家决定把保里先前购置的枪支拿出来，爷爷负责维持该保地区的治安。直到解放军进城，一直保持无任何抢劫、偷盗发生的记录。解放军进城后，把爷爷所在保自购的枪支全部上缴了，治安交由解放军管理、维持。

03 李老祖致电傅作义，陈长捷怒视老恩人

1948年天津被围困之前，李廷玉给傅作义打电话请其顾惜平津人民生命财产，援照张家口让防办法，将平津让出，以免人民遭难。傅作义知道李老祖是打过很多仗的老牌军官，于是询问李廷玉陈长捷能否坚守住。李回答绝无可能。可傅作义又去问陈长捷，然后傅跟李廷玉说陈表示“决不失陷”。

无奈见天津国民党军守军已经溃不成军，而且扰民不断，李老祖遂与一位叫周星五的先生组织了救济会，收容难友，提供食宿，且李预先估计到城中会有巷战，怕驻兵乘机抢劫，就组织了临时自救会，“以备乱兵不法”。李廷玉给他们安排的任务是既要防抢劫也要防火灾。李还电话打给警察局长李汉元，跟他商量在各个道路要口加岗，并让各街巷住户每家出一个人给自家放哨。李汉元对这几项建议都予以采纳，且表示一切听李廷玉指挥，因此当时的地痞流氓知道地方人士有此种戒备，直到共产党军队攻入都没有趁火打劫。

此时陈长捷要烧西门外至小西门民房以制造无人区的消息已经传到李老祖那里，他马上打电话给陈长捷，陈的秘书接的电话，经质问后，陈的秘书李少白说：“事关军政，望地方谅解。”李廷玉听了很不满地说：“共军未施火，汝（你）等先主害民，令人不解。”李秘解释说：“烧房事后赔建。”李老祖反问道：“败则逃走，谁来赔偿？汝等勿谓津市无人，如果焚房惹出民变，究谁负责？”李少白回复说：“可向参谋长电谈（指他要去和陈长捷的参谋长谈谈）。”李廷玉说：“可。”然后就是等，一直就没再回复，李老祖又打电话去问，结果对方回答说：“全是谣言，绝无事实，并盼市民合作。”看来小西门一带的民房是保住了，但天津郊外被拆烧的民房很多，有5里的无人区……

李廷玉见到如此形势就约李少白前来面谈，告诉他：“陈

招乌合之兵，不能保市，应请傅（作义）示以办法。”李秘回去后，陈长捷还是不采纳这个意见，回复李廷玉说：“防守得力。”李廷玉见说不服陈，就去找了林伟俦，说有要事面商。结果林先派了政工处的张斯任请示李的主要意思，李老祖跟他说：“林彪围攻本市甚急。陈长捷不认市不能守，意在仍向地方敛钱。余（我）以兵无斗志，暗多逃逸，官兵多买便衣，并向各区冒人民领通行证，且向居民换取便衣。近日炮火甚烈，此市朝不保夕，若林军长不思变计，势必同归于尽，如林军长虚纳余言，自有善全之策，倘不谓然，军长可自行己意。”张听罢离去，不一会儿与林伟俦一起回来了，林跟李老祖说：“愿闻高议。”李廷玉说：“余亦军人，决不投降。但此市绝难久守，全主由余代表人民，求军长顾全本市生命财产，准即让防，不但地方感激，粤兵亦可保全，免得难对粤东父老。”林伟俦听了以后长舒一口气说：“此议甚善。我与林彪是同学，又在某连同当排长，但以地位不同，竟至相见以兵，望作双方桥梁，以消大乱。”于是李老祖立即请洪帮大佬姜般若“电彪公”（李廷玉原话），约会面地点。林伟俦还另外派一人去给林彪邮寄亲笔信，说愿意随姜般若前往谈判，李廷玉也写了一封信交给了姜般若。此时另有被李老祖称作中共地下党“要人”的宋灿华忽然来访，询问李的想法，且说他可以和姜一起去司令部，向陈长捷等协商，不一会儿姜般若回来说：“陈已纳此办法。”然后刘军长（指刘云瀚）、杜建时（时任天津市长）等商量好，转天一早就派姜般若等人“前往彪军商洽”（李廷玉原话），林伟俦一直说：“吾可缴械，刘更赞成。”李老祖回答道：“可免本市大兵灾矣。”

就在大家商量好转天派洪帮大佬姜般若拿着林彪老同学的信去见林彪的这天夜里（1949 年 1 月 13 日夜）11 点左右，姜打电话给李廷玉说：“东门盐店报称，解放军到店买饮料……”李老祖在电话详细询问姜般若，正说着，外面已经

“枪炮声烈，火光烛天，哭嚎震耳”……

转天李廷玉看到共产党军队已经在城里贴出安民告示，且姜般若告诉李：“陈长捷、杜建时、李汉元都已经被擒。”

李老祖在回忆录中说：“生灵之祸，非人力所能挽回。昔范文程曰，成败定之于数，乃阅历之言也……共军攻入，驻军全不抗战，至天明大局已定，而此会（自救会）归于无用，遂即解散，亦不幸中之幸也。”这是李廷玉回忆录十几万字的最终结尾，新中国成立后的部分，他没有涉及。

时空大地毯上的回望

1949 年前后这段时空里，李廷玉老祖、爷爷李孟凡及外公杨露不约而同地做着几乎相同的事，就是出面维护当地治安。在这样一个变天的大时代里，他们三个人不知彼此的存在，但所做出的选择，却是在编织将来的某种实相。虽然这个时空里没有如果，但我们都是那些大小纷繁历史交织产生的结果。

妈妈画里的老哥李睦遗传了妈妈的卷发和某些五官特征。

妈妈根据作者 2002 年去邛崃旅游时在文君井公园拍的照片画的画。

《时间隧道·镜中人影·家中的一角·保定—天津》。

2015 年作者出国旅游时，随身携带的妈妈绘制的一张画。

第十三章

尾声：三位老祖的结局，一场悲歌，一场禅……

1953年后，外公回家待业，在邛崃文化馆业余学校教书、做过邛崃城关民办中学的教导主任，同时被安排为县政协委员。

这个时期的妈妈从川大毕业后去北京师范大学读研究生，毕业后分配到河北大学教书。记得她很喜欢小时候的表弟廷勇（她舅舅的孩子），我外婆的外甥。外公外婆的儿女此时都在北方读大学或工作，所以二老在四川一直被这个外甥悉心地照顾着。

1957年“反右”运动兴起，这应该是外公预料之外的，原本没被重用可能是他认为的人生谷底了，哪里想到，老老实实、什么也不敢多说的他，在“反右”时还是被揪了出来，被打成了“右派”。此时外公外婆没有任何收入，靠着在外地工作的儿女补给。好储蓄的外婆此时估计还是想有点余钱，就开始学养猪，还去山上打猪草。

被打成“右派”的外公，并没有因此对人生绝望，社会地位的天壤之别，并没有让他从此坠入忧郁的万丈深渊。就是在这样的情形下，外公居然悄悄做起了学问。从1957年到1980年平反前，他写了《新韵学》初稿，把《新华字典》上的8000多字全部列入。“文革”后期他在县政协做图书管理员，当他发现县政协图书馆里没有《邛州直隶州志》，

外婆、外公及他们的小孙子。照片中衣着简朴的外公，发自内心的微笑令人敬佩，他很豁达，活到 91 岁。

且全县别处只有 3 部时，他决心自己抄录 6 本。后历经酷暑和寒冬 7 个月，外公硬是用魏碑体毛笔字抄录出来，共 12 册、46 卷、30 万字。通篇一气呵成，没有一处错漏涂改之处，做成线装书，古朴典雅。

那时他已经 70 岁了，还写了《历代卓文君与司马相如的诗赋简释》约 6 万多字。其中根据明朝孙梅锡写的《琴心记》考证出的卓文君与司马相如的资料，很多都是鲜为人知的，很有学术价值。

还有一个细节听了有些心酸，就是外公平反后，国家每月给他一些工资，他都如数交给外婆，唯独身份证他特别在意，里三层外三层地包好锁在抽屉里，家里来客人时，他都要拿出来给人家看。这个十几亿中国人都能轻松领到的证件，对于曾经被打成"右派"，被拉出去批斗的"国民党反动军官"来说，意义却非同寻常。在外公看来，他领到此证后，就与中国的其他十几亿人民一样了，人民是国家的主人，他觉得凭借这个证件，以后就不会被批斗了……

外婆、外公和廷勇舅舅，摄于 1965 年 11 月。

大概是 1975 年左右，外婆因气管炎（或哮喘）窒息，突然去世，妈妈接外公来家里住了一个月。到了 1980 年，外公被落实政策，恢复了起义将领的身份，被选为邛崃县政协副主席。这期间，他主持编印了两期油印的《邛崃文史资料》，在四川《历史知识》刊物上发表了《西京杂记的作者问题》《我在西康十年》《〈西方日报〉始末》等 10 多万字的文章，更倾注大量心血主持编写了长达 118 万字的《邛崃县志》（1985 年版）。外公还是《易经》的钻研者，且颇有建树，他通过查阅大量资料，用很多临邛先贤的著作丰富了"易学在蜀"的学术内涵，这一成果当时受到国内外易学界的高度重视。

1984 年，经组织批准，外公去北京与小舅舅一家生活，后又去呼和浩特大舅舅家居住。到 1996 年 2 月 26 日，一直很注重养生的外公半夜突然起来，找出自己喜欢的帽子、上

新中国成立初期，外公、外婆、妈妈和小舅舅，中间的老太太是外婆的母亲。

衣、裤子，穿戴整齐坐在那里。舅舅家人被吵醒，起来问他怎么回事，他说他就要上路了，但那天他没走。到了 29 日早上，他起床一站起来就蹲下了。家人赶紧把他送到医院，转天的 3 月 1 日，外公离开了这个世界，享年 91 岁。

说完外公的后半生，再来说爷爷在新中国成立后的经历。新中国成立一两年，重庆还没搞公私合营时，爷爷的大东宾馆经营得很萧条，就另外在临江路开了临江别墅旅馆。即便旅馆经营不景气，爷爷还是省吃俭用每月挤出 1 万 1 千元捐给政府，支援抗美援朝战争。没过多久，爷爷就被新发生的两件事震慑住了。

第一件事是他被喊去开“控诉大会”，控诉对象是特务田炯楣，那个会是边控诉边打田特务的，爷爷不忍看。

第二件事是 1950 年 6 月 28 日，在成都读书的大儿子（我大伯）给他写信说他们住在观音岩时的邻居、密友黄裳吉被枪毙了。

1953 年，在那种氛围中，爷爷有天坐在家里，看到两个最小的儿子打架，一生气，猛然站起来想管孩子的时候突发心脏病去世了，享年 63 岁。由于没有钱好好安葬他，爷爷被草草埋在长江边上的一个公墓里，不久那里在家人没接到通知的情况下被铲平，爷爷的墓从此再也找不到了。

年长外公和爷爷一辈的李廷玉老祖素来“眼明手快”，新中国成立初期，他就把自己在郊外农村仅有的一处房产“大觉庵”捐献给了新政府，那是一座紧挨着天津南运河边有着 5 座院落的一个小世外桃源。

李老祖后来收到过周恩来总理的信，原信已不知所踪。他老人家于 1952 年去世，享年 83 岁。

上图 晚年的外公，在呼和浩特大舅舅家里。
下图 李廷玉之子李邦翰与夫人。

婆婆李蕴藻与丈夫郑秉洳、女儿郑欢、儿子郑悦的全家福，拍于 1956 年左右。

作者给这张照片起了个名字叫“汇聚”。外公杨露与外婆徐文哲 + 爷爷李孟凡与奶奶游筱菁 + 李廷玉夫妇 + 孩子爷爷家的基因 = 这几个家族的基因汇聚到我女儿这里，形成了一个 21 世纪的现代女孩儿。

参考书目

中国人民政治协商会议天津市委员会文史资料研究委员会：《天津文史资料选辑第四十三辑：李实忱回忆录（上）》《天津文史资料选辑第四十四辑：李实忱回忆录（下）》，天津人民出版社，1988 年。
邛崃市政协文史资料研究委员会：《邛崃文史资料第十辑》，1996 年。
中共四川省委党史工作委员会：《四川党史研究资料》，1985 年 10 月。
孙明经（摄）、孙建三（撰述）：《定格西康》，广西师范大学出版社，2010 年。
王伊洛：《< 新新新闻 > 报史研究》，巴蜀书社，2008 年。
厉华：《红岩档案解密》，中国青年出版社，2008 年。
沈醉（口述）、沈美娟（整理）：《沈醉回忆录：我这三十年》，中国文史出版社，2010 年。
来新夏：《天津近代史》，南开大学出版社，1987 年。
刘世定：《寻常往事：回忆祖父刘文辉》，新星出版社，2009 年。
谢本书：《辛亥著名人物传记丛书：蔡锷》，团结出版社，2011 年。
王忠和：《民国大事件丛书：张勋复辟始末》，湖北人民出版社，2014 年。
苏全有：《名人历史瞬间：孙中山与三角联盟》，河北人民出版社，1998 年。
干国勋等：《蓝衣社、复兴社、力行社——中国社会科学院近代史研究所民国文献丛刊》，中华书局，2014 年。
四川省文史研究馆：《民国四川军阀实录》，四川人民出版社，2011 年。
江涛、刘芳：《蒋介石宋美龄在重庆的日子》，华文出版社，2007 年。
唐振常：《四川军阀杂说 》，辽宁教育出版社，1998 年。
重庆中国三峡博物馆：《英雄之城——大轰炸下的重庆》，重庆出版社，2011 年。
薛岳、岳星明：《正面战场：原国民党将领抗日战争亲历记》，中国文史出版社，2015 年。
史文：《国民党首要战犯改造秘档》，台海出版社，2013 年。

王奇生：《党员、党权与党争：1924—1949 年中国国民党的组织形态（修订增补本）》，华文出版社，2010 年。
施原:《国殇(第四部):国民党对日抗战谍战纪实》,团结出版社,2012 年。
秦风:《陪都重庆:大轰炸下的抗日意志》,广西师范大学出版社,2015 年。

后记

这本书缘自妈妈离世、她的画、老照片背后的故事。一步步走到这里，原本与中国摄影出版社的几位朋友素不相识，可仅仅因为妈妈的画，就在他们那里构想出一本书，让原本沉睡在家里的画、照片、回忆录忽然迎面朝我“走来”。

在网上遇到上述朋友之前，妈妈刚去世几个月，我一直沉浸在她的遗物、画作中，想象她的去处……在这个过程里，令人震惊地遇到了很多次——显然来自妈妈的讯息，比如东西移位、多处新遇到的号码涉及妈妈的骨灰龛号……对这些现象，我把它们看作是妈妈在明示我：“老妈还在！振作起来！”恰逢此时，摄影出版社的几位朋友出现在网络上，大家就这样萍水相逢地开始了一段攒书过程……经过他们几个的精彩建议和策划，我从众多原材料中找到了不少经典镜头，经历了最愉快的一次写作旅程，这基本不是写作，是一场心灵的治愈行为了。

想来还要感谢几位老人的回忆录，让我能“录海拾贝”地从那汪洋大海般的历史镜头中，写就一本基本能贯穿三个家族大致脉络的小书。其中有早就由天津人民出版社出版的李廷玉回忆录及外公杨露手写的回忆录，以及爷爷李孟凡在新中国成立初期写给政府的思想总结……另外还有大伯李汉辅、二伯李庆樑的图画和文字给我提供了很多爷爷家的细节，舅舅杨天戈、杨天博、表舅徐廷勇提供了妈妈家族的很多情况，李廷玉老祖曾外孙女余力、曾外孙陈皓提供了资料和相片。感谢妈妈大学同学周同度阿姨、王均叔叔、梁元冈叔叔、李大卫叔叔，他们的回忆和来信提供了关于妈妈过去的文字；感谢堂妹李小玉、堂弟李亚、表姐刘俊、杨忠秀、表哥杨中杰不厌其烦地传送照片和回答我的询问；还要特别感谢《名画记》微信平台推荐妈妈的50张画作，及该网站天津美院实习生李沅圃、牛婕同学辛苦策划和采写评论；还要感谢北京中间美术馆在2015年6月至7月的“界限外”画展主展了妈妈的作品；当然还要感谢下老哥李睦和老弟李欣，一个花钱给妈妈印了本画册，一个近距离悉心照顾老爸（妈去世后），那画册是妈妈生前唯一得到的认可，而老爸是妈妈离开后最放心不下的人……

最后想说，饱经风雨中三个家族的离世祖先们，就像《暗香》那首歌里唱的：“当花瓣离开花朵，暗香残留，香消在风起雨后……”这歌曾让我一个人在房子里，聆听空气中的寂静声，从那种空寂里，我知道他们都早已重生。

图书在版编目（CIP）数据

民国闺秀画像中的家国 / 李斓著. -- 北京 : 中国摄影出版社，2017.11

ISBN 978-7-5179-0665-0

Ⅰ. ①民… Ⅱ. ①李… Ⅲ. ①家族－史料－中国－近现代 Ⅳ. ①K820.9

中国版本图书馆CIP数据核字（2017）第260618号

民国闺秀画像中的家国

作　　者：李　斓
出 品 人：赵迎新
策划编辑：郑丽君
责任编辑：盛　夏
装帧设计：胡佳南
出　　版：中国摄影出版社
　　　　　地址：北京市东城区东四十二条48号　邮编：100007
　　　　　发行部：010-65136125　65280977
　　　　　网址：www.cpph.com
　　　　　邮箱：distribution@cpph.com
印　　刷：北京印匠彩色印刷有限公司
开　　本：16开
印　　张：12.75
版　　次：2017年11月第1版
印　　次：2017年11月第1次印刷
ISBN 978-7-5179-0665-0
定　　价：58.00元